सबके लिए वेद

प्रभुदयाल मिश्र

बुक्स फॉर ऑल
(ऐन ईम्परिन्ट ऑफ लो प्राइज़ पब्लिकेशनस)
दिल्ली-११००५२

वितरकः
डी. के. पब्लिशर्स डिस्ट्रीब्यूटर्स प्रा. लि.
२४, अंसारी रोड, दरियागंज
नई दिल्ली-११०००२
दूरभाषः ५१५६२५७३, ५१५६२५७७
ई-मेलः dkpd@del3.vsnl.net.in
यू०आर०एल० www.dkpd.com

अ. मा. पु. सं. 81-7386-261-3 (P.B.)

प्रकाशकः
बुक्स फॉर ऑल
(एन इम्परिन्ट ऑफ लो प्राइज़ पब्लिकेशनस)
ए-६, नीमड़ी कमर्शियल सेंटर,
अशोक विहार फेज-IV,
दिल्ली - ११००५२
दूरभाष : 27302453
ई-मेलः lpp@nde.vsnl.net.in
यू.आर एल: www.lppindia.com

मुद्रकः डी. के. फाइन आर्ट प्रेस प्रा. लि.
दिल्ली- ११००५२

भारत में प्रकाशित

समर्पण

ॐ

मे पितु वस्यां असि – मे माता च समा । ऋग्. 8-1-6

(प्रभु, तुम मेरे पिता से बड़े हो किन्तु मेरी माता के बराबर ही हो।)

अपनी माता

गौरा देवी के लिए

आभार

मैं अत्यन्त विनम्रता और सम्मान से निम्नांकित मनीषियों, विद्वानों, लेखकों, प्रकाशकों, मित्रों और शुभचिंतकों –

श्री श्री ओरोविन्दो, श्री पाद दामोदर सातवलेकर, ऋषि दयानन्द सरस्वती, महर्षि महेश योगी, श्री स्वामी शिवोम् तीर्थ जी, आर. टी. एच. ग्रिफिथ, आर्थर अन्थोनी मेकडोनल, एफ, मेक्स मूलर, एम, विन्टरनिट्ज, स्वामी सत्यप्रकाश सरस्वती, पं. सत्यकाम विद्यालंकार, श्री आर. एल. कश्यप, श्री एम. पी. पंडित, श्री ऋषि कुमार मिश्रा, डॉ. रघुवीर वेदालंकार, श्री तरिनीश झा, डॉ. प्रभुदयालु अग्निहोत्री, श्री विष्णुकांत शास्त्री, डॉ. बृज बिहारी चौबे, डॉ. प्रभाकर नारायण कवठेकर, डॉ. रामकृष्ण सर्राफ, डॉ. कपिल द्विवेदी, डॉ. प्रवेश सक्सेना, डॉ. टोनी नेडर, विवेक देबोरोय, और दिपावली देबोरोय ;

स्वाध्याय मंडल पारधी, गीता प्रेस गोरखपुर, श्री ओरोविन्दो आश्रम पाण्डिचेरी, राष्ट्रिय संस्कृत संस्थान दिल्ली, रूपा एण्ड को–नई दिल्ली, पुस्तक महल दिल्ली, वैदिक साहित्य सदन होशियारपुर, श्री ईशनारायण जोशी, डॉ. भास्कराचार्य त्रिपाठी, श्री दुर्गाचरण शुक्ला, श्री कृष्ण किशोर द्विवेदी, श्री गंगा रामजी शास्त्री, श्री आनन्दीलाल तिवारी, श्री अभय अवस्थी, श्री एन. बी. लोहानी, डॉ. मोहन गुप्त, श्री राम रसायनी, श्री रामदेव मिश्रा और श्री पी. सी. वसानिया तथा सभी अविस्मरणीय हितैषी जनों को –

इस पुस्तक रचना में आर्शीवाद, मार्गदर्शन, उपयोग और प्रोत्साहन के लिए अपना अनेकशः आभार प्रकट करता हूँ ।

लेखक

पुरोवाक्

वेद हिन्दू (आर्य) समाज के आस्थाग्रंथ हैं । वे स्वतः प्रमांण हैं । परतः प्रमाण ग्रन्थों को अपने कथनों की पुष्टि के लिये अन्य प्रमाणों की आवश्यकता होती है, किन्तु वेदों की नहीं । सुदूर अतीत काल से समाज की वेदों पर अनन्य श्रद्धा रही है क्योंकि उनके मन्त्र–कालातिक्रामिणी दृष्टि वाले मनीषियों के द्वारा एकान्त स्थान में अविचल ध्यान से प्रत्यक्ष किये गये हैं । मन्त्र का अर्थ ही है गुप्त परिभाषण–''ऐकान्तिकेन तपसा अन्विन्दन् हृदि प्रतीष्या कवयो मनीषा'' । सृष्टिकर्ता कवि है और उसकी रचना यह जड़–जङ्गम जगत् है काव्य । उसी प्रकार मन्त्रद्रष्टा भी कवि है–विद्वान् क्रान्तदर्शी । उसकी स्वोपज्ञ रचना है वेद । मंत्रों में जो छन्दोवद्ध हैं वे ऋचा कहलाते हैं । छन्द प्रारंभ में सात थे फिर धीरे–धीरे उनकी संख्या दर्जनों तक पहुंच गयी । ऋग्वेद छन्द में आवद्ध मंत्रों का संग्रह है । कृष्ण यजुर्वेद उससे विपरीत गद्यात्मक है ।

वेदों ने वह समय भी देखा जब आर्यावर्त गहन वनों से आवृत था । लम्बे–लम्बे भयंकर पशुओं, दंशकों और कृत्रिम कीटों से भरा दिन में भी अन्धकारावृत । उस पर दस्यु, लुण्टाक और यातुधान ! लोग रात रात भर जागकर अपने अन्न, धन और पशुओं की रक्षा करते । ऐसे में भगवान ने अथर्वन ऋषि को अपने वरदान के रूप में भेजा जिन्होंने दो अरणियों को रगड़कर अग्नि का आविष्कार किया–'यज्ञैरथर्वा प्रथमः पथस्तते'–ऋग्वेद १-८३-५ । यह विश्व का प्रथम वैज्ञानिक आविष्कार था । अग्नि के आविष्कार ने देश की काया ही पलट दी । ऋषियों को पणियों के द्वारा गुफाओं में चुराकर रखी गायों का पता लगाने के लिए प्रकाश मिल गया। यहीं से यज्ञों का प्रारम्भ हुआ । आवागमन का मार्ग प्रशस्त हुआ । सभ्यता और संस्कृति के द्वार खुले । वैदिक संहितायें भारतीय समाज के कृत्रिम विकास की कहानी कहती हैं । गत् डेढ़ सौ वर्षों में योरोप और भारत में वैदिक साहित्य पर व्यापक और गम्भीर अध्ययन हुआ किन्तु उसका अधिकांश जर्मन, फ्रेन्च या इंगलिश भाषाओं में था, सामान्य भारतीय व्यक्ति की पहुंच से दूर । स्वामी दयानन्द सरस्वती के अवतरण के बाद हिन्दी तथा अन्य भारतीय भाषाओं का भी रुझान इस ओर बढ़ा । बिना किसी शंका या विवाद के आज भी वेद जन–जन की श्रद्धा के केन्द्र तथा स्वतः प्रमाण बने हुए हैं । फिर भी वे अभी तक उच्च प्रबुद्ध जनों तक ही सीमित हैं । आज भी जनता की पहुंच भगवत् गीता से आगे नहीं है । जो ग्रन्थ प्रकाश में आये भी हैं उनमें भी प्रायः कुछ विवादस्पद हैं या निम्नस्तरीय । जो उत्तम कोटि में आते हैं वे विश्वविद्यालयों के परिसरों के ही इर्द–गिर्द घूमते हैं ।

आज आवश्यकता है—वैदिक मंजूषा का ताला खोल कर उसमें रखे रत्नों और स्वर्णाभूषणों को जन—जन में बॉट देने की । मुक्त हस्त इस विद्या का वितरण ही मन्त्रकारों की तपस्या को सार्थकता प्रदान करेगा ।

श्री प्रभुदयाल मिश्र ने अनेक ग्रन्थों में बिखरे महत्वपूर्ण तथ्यों को एकत्र संजो कर उन्हें सामान्य जन तक पहुंचाने का जो प्रयत्न किया है वह सर्वथा अभिनन्दनीय है । इसमें वेंदों के प्रति लेखक की श्रद्धा और श्रम दोनों समाहित हैं । वैदिक साहित्य के जिज्ञासुओं में भी इसका उचित स्वागत होगा, यह मेरा विश्वास है । मैं इस ग्रन्थ और उसके प्रणेता के प्रति प्रशंसा व्यक्त करता हूँ ।

भोपाल

प्रभुदयालु अग्निहोत्री

वैदिक ज्ञान की पुकार

वेद अनन्त ज्ञान के अक्षय स्रोत हैं । जैसा कि 'वेद' नाम से ही ध्वनित है, वेद ज्ञान की क्रिया और संज्ञा दोनों ही है । यद्यपि ज्ञान का यह भंडार हमें वर्तमान में पुस्तकों के आकार में उपलब्ध है, किन्तु सदियों पुरानी भारतीय मान्यता यही है कि यह ज्ञान अपौरुषेय है तथा इसे भारतीय ऋषियों ने समाधि की अवस्था में प्राप्त किया है । यही कारण है कि इनके लेखकों के स्थान पर इनके मंत्रों के द्रष्टाओं के नाम ही हमें प्राप्त होते हैं । आधुनिक पश्चिमी विद्वानों ने जहां इन्हें 'चरवाहों का गीत' कहा, वहीं दूसरी सदी ईसा पूर्व के वेदों के मुख्य भाष्यकार यास्क ने निरुक्त में यही लिखा कि एक 'अंधे आदमी के खम्भे से टकरा जाने में खम्भे का तो दोष सिद्ध नहीं होता' ।

वेदों के अनेक भाष्य भारत में लिखे गये है । इनका आरंभ ब्राह्मणों से होते हुए सायण, दयानंद सरस्वती, श्री अरविंद और सातवलेकर आदि तक विस्तारित है । तथापि इनमें प्रकट ज्ञान के प्रत्यक्ष बोध के लिए इनके विषय में सामान्य जानकारी प्राप्त की जाना आवश्यक है ।

वेदों को अपौरुषेय कहे जाने के पीछे कुछ लोग वैसी धारणा रखते हैं जैसी कि कुरान अथवा बाइबिल के पीछे इलहाम की मान्यता काम करती है । वेदों को श्रुति भी कहा गया है क्योंकि भगवान वेद व्यास द्वारा इनके ऋग्, यजु, साम और अथर्व आदि ४ श्रेणियों में विभाजित करने के पूर्व ये श्रुति परंपरा से लोगों की स्मृति में विद्यमान थे । इनकी रचना का विधान और उनका कथ्य भाग इतना व्यवस्थित और सुगठित है कि हजारों वर्षों के बाद भी उनके स्वरूप या अर्थ में कोई परिवर्तन ज्ञात नहीं होता । यदि कोई सीमा है तो इन्हें हमारे समझने की है । इसलिये यह आवश्यक है कि इन महान ग्रंथों की विषयवस्तु और उनके प्रतीकों तथा संकेतों पर लगातार शोध जारी रखा जाए । यह तभी संभव है जब ज्ञान के इस भंडार के द्वार सभी जिज्ञासु लोगों के लिए खोल दिए गए हों । वेदों के ज्ञान को रहस्यपूर्ण बताते हुए इसे जनसामान्य के लिए अदृश्य रखे जाने में कोई सार नहीं है । ज्ञान का यह अनंत आगार अब सभी के लिए सुलभ हो जाना चाहिए ।

यह इसी दिशा में किया गया एक विनम्र प्रयास है । मैं वेदों के रहस्यपूर्ण ज्ञान का कोई व्याख्याकार होने का दावा नहीं कर सकता । मैंने यहां केवल इनके कुछ ज्ञात निष्कर्ष और सार को उपलब्ध सीमा तक समेटने की कोशिश की है । यह एक प्रवेश द्वार ही है । इसके आगे

विचारकों और शोधाचार्यों को काफी कुछ करने की आवश्यकता है । मेरा विश्वास है कि एक स्वाभाविक कविता के रूप में प्रकट मनुष्य के दैवी और सांसारिक भाव-बोध का यह अमर गायन निरंतर सुने जाने योग्य है । सामान्यतः भारतीय और पश्चिम के व्याख्याकारों ने इसे या तो अत्यधिक सरल कर दिया है या उसे रहस्य के आवरण में ढंक दिया है । इसका परिणाम यह हुआ है कि वेदों की सीधी सरल और प्रत्यक्ष पुकार हमारे लिए अनसुनी रहती आई है ।

वेदों के इतने वृहदाकार और अनेकानेक भाष्य हो चुकने के बाद भी प्रत्यक्ष और दमकता हुआ एक सार्वभौम सत्य जैसे हम भुला ही देते हैं । यह हमारे जीवन की भी पहेली है जिसे वैदिक वाङ्मय की बुनावट से समझा जा सकता है । अतः जीवन और जगत के रहस्य की ही तरह वेद के रहस्य को भी लगातार उद्घाटित किए जाने की आवश्यकता है । ईश्वर की विराट रचना के प्रति वेदों का ज्ञान अथर्ववेद के अनुसार 'न तो कभी नष्ट होगा और न ही कभी क्षीण'-

पश्य देवस्य काव्यम् न ममार न जीर्यति । अथर्व. १०-८-३२

अन्य दर्शनों और वैज्ञानिक अन्वीक्षण की विधाओं तथा वेदों के ज्ञान में मुख्य अंतर यह है कि अन्य की तुलना में यह मनुष्य की चेतना, उसके दीर्घ अनुभव और बौद्धिक निष्कर्षों का समन्वित पक्ष प्रस्तुत करता है ।

वेदों में मनुष्य जीवन की सार्थकता और अर्थवत्ता की तलाश अत्यंत प्रभावकारी रीति से अभिव्यंजित होती है । प्राचीन ऋषियों को मनुष्य की सांसारिकता में एक दिव्यता और क्षणभंगुरता में सनातन सार्वभौम सत्य की जो प्रतीति हुई थी, वेद उसका ही प्रकटीकरण हैं ।

वेद का आश्वासन है-

देव, जिसने बनाया है अन्न
जिसने लोक सब धरती सहित धारण किए
वह अधीश्वर जानता संकल्प, इच्छायें
उसी का यजन यह
आहुति उसी की है
हमें वह दे कीर्ति
दे वैभव प्रचुर । (यजुर्वेद अध्याय ९-२४)

प्रभुदयाल मिश्र

इस पुस्तक में वैदिक ऋचाओं का हिन्दी काव्यान्तर लेखक की पुस्तक "वेद की कविता" से उद्घृत है तथा मंत्र क्रम संख्या का उल्लेख वेदों के श्री सातवलेकर के काव्य पर साभार आधारित हैं ।

अनुक्रमणिका

१
वेदों का संक्षिप्त परिचय

वेदों के अंतर्गत सामान्यतया वैदिक वाङ्मय के चारों भाग, संहिता, ब्राह्मण, आरण्यक तथा उपनिषद् आदि सब समाविष्ट माने गये हैं । संहिता भाग में केवल ऋग्वेद, यजुर्वेद, सामवेद और अथर्ववेद आते हैं । ब्राह्मणों के अन्तर्गत उदाहरणार्थ ऐतरेय और शतपथ, आरण्यकों में वृहदारण्यक तथा उपनिषदों में छान्दोग्य, मुण्डक और कठोपनिषद् इत्यादि का उल्लेख किया जा सकता है । उक्त के अतिरिक्त वेदों के छः अंग भी वैदिक साहित्य का भाग हैं जिनके नाम हैं - शिक्षा, कल्प, व्याकरण, निरुक्त, ज्योतिष तथा छन्द ।

वेदों के लिए उपयोग में लाया जाने वाला दूसरा शब्द ''श्रुति'' है । पारंपरिक तौर पर इसका अर्थ यही है कि वेदों को गुरु शिष्य परंपरा से सुना जाकर याद रखा जाता था । इसका अन्य अर्थ शब्द के उद्‌भव और विकास की विराट यात्रा का भी परिचय देता है । भारतीय दर्शन में परावाक् की सत्ता स्वीकार की गई है । इस शब्द अथवा वाणी को प्राचीन ऋषियों ने चूंकि समाधि की अवस्था में सुना अतः इसे 'श्रुति' कहा गया । जब इस सुने हुए स्वर को उन्होंने अभिव्यक्ति प्रदान की तो उसे ऋचा या मंत्र का नाम दिया गया । इस मंत्र के द्रष्टा को ऋषि कहा जाता है । जिस विधा में इन मंत्रों को प्रकट किया गया उसे छन्द कहते हैं । इन मंत्रों के व र्य विषय सामान्यतया देवता हैं । इस प्रकार ऋषि, देवता और छन्द तीनों का ऐक्य मिलकर वेदों के संहिता भाग का निर्माण करता है ।

वैदिक साहित्य को इस प्रकार विद्वानों ने दो प्रमुख भागों में बांटा । एक मत के अनुसार मूल वैदिक वाङ्मय ऋग् यजु, साम और अथर्व तक ही सीमित हैं । इन्हें क्रमशः अग्नि, वायु, आदित्य और अंगिरा ने प्रकट किया । मूलतः वेद यही हैं । दूसरे मत के अनुसार वेदों के अंतर्गत संहिताओं के अतिरिक्त ब्राह्मण, आरण्यक और उपनिषद् आदि सभी समाविष्ट हैं ।

भाष्य और व्याख्याएं

वेदों की भारत में आध्यात्मिक, शास्त्रीय, दैविक, कर्मकाण्डीय, प्रतीकात्मक, रहस्यवादी और ऐतिहासिक आदि अनेक प्रकार से व्याख्यायें की गई है । शब्दशास्त्र और व्याकरण के आधार पर भी इनके भाष्य हुए हैं । आधुनिक पश्चिमी विद्वानों ने सामान्यतया वेदों को आरंभिक मानव की ऐसी आत्माभिव्यक्ति माना है जिसमें उसके विकास की यात्रा की ललक

प्रकट होती है। ऐतिहासिक आधार पर वेदों के सबसे पहले भाष्यकार यास्क थे जिन्होंने ईसा पूर्व सातवीं सदी में निरुक्त की रचना की। सायण ने १४ वीं सदी में वेदभाष्य को एक नया आयाम देते हुए इनकी कर्मकाण्ड और यज्ञपरक अपूर्व व्याख्याएं कीं। प्राचीन व्याख्याकारों में एक अन्य उल्लेखनीय नाम महीधर का है।

आधुनिक भारतीय व्याख्याकारों में सबसे महत्वपूर्ण नाम ऋषि दयानंद का है जो आर्य समाज के संस्थापक भी हैं। महर्षि अरविंद और श्रीपाद दामोदर सातवलेकर अन्य ऐसे महापुरुष हैं जो वेदों के भाष्य को अविस्मरणीय दिशाएं प्रदान करते हैं। ऋषि दयानंद ने वेदों के भाष्य द्वारा भारतीय समाज में नूतन राष्ट्रीय चेतना का प्रसार किया। श्री अरविंद की व्याख्या वेदों के रहस्यात्मक पक्ष को उजागर करती है। जहां तक श्री सातवलेकर का संबंध है, उनमें यद्यपि आर्य समाज का प्रभाव दृष्टिगोचर होता है, किन्तु उनकी व्याख्या प्रायः सर्वांगीण है। श्री अरविंदो के अनुसार वेदों के देवता जैसे - सूर्य, अग्नि, इन्द्र, वरुण, वायु, गाय, अश्व और औषधियां आदि सभी मानव चेतना के विभिन्न स्तर के प्रतीक हैं। उनके अनुसार अग्नि जैसे इच्छाशक्ति, इन्द्र दैवी मस्तिष्क तथा वायु प्राणशक्ति है। श्री अरविंद की परंपरा के चिंतक श्री एम.पी. पंडित के अनुसार ''वेद ऐसे द्रष्टा ऋषियों के विकसित मस्तिष्क का प्रतिनिधित्व करते हैं जो काल और स्थान से परे है। इनमें भौतिक विकास के साथ साथ मस्तिष्क की अति विकसित अवस्था का परिचय प्राप्त होता है। वे मनुष्य की चेतना को ऐसे प्रकाश की ओर ले जाते हैं जो कभी क्षीण नहीं होता। उनकी इस यात्रा में देवता उनके मार्ग की बाधाओं को हटाकर उनके सहायक का काम करते हैं।'' (ऋग्वेद संहिता की भूमिका से)

श्री सातवलेकर ने राष्ट्र और मानवता को वैदिक चिंतन का केन्द्र माना है। इस विचारधारा के आधार पर उन्होंने विश्व प्रशासन में देवताओं की भूमिका निर्धारित की है। उनके अनुसार परमब्रह्म विश्व का अध्यक्ष, परमात्मा उपाध्यक्ष, अग्नि शिक्षा मंत्री, इन्द्र रक्षा मंत्री, रुद्र सेनाध्यक्ष तथा मरुत सैनिक आदि हैं।

पश्चिमी व्याख्याकारों में आर्थर एंथोनी मैकडोनल्ड के अनुसार वेदों के देवता प्राकृतिक शक्तियों का मानवीकरण है। भाषा शास्त्र के अध्ययन और विकास के क्रम में इन देवताओं में विश्व के विभिन्न भूभागों के नाम, रूप और गुणधर्म के भी साम्य देखे जाते हैं। इस संबंध में पश्चिम के उल्लेखनीय भाष्यकारों में एच ओल्डनबर्ग, एम विंटरनिट्ज, ए बी कीथ तथा मैक्समूलर आदि उल्लेखनीय हैं।

काल

वेदों के रचनाकाल को निर्धारित करते समय मुख्य रूप से तीन प्रश्न उठते हैं। क्या वेदों की, विशेषकर ऋग्वेद की रचना एक ही समय हुई ! क्या वैदिक ऋषि वस्तुतः इनके लेखक थे ? तथा वैदिक संहिताओं का वर्तमान रूप में विभाजन कब किया गया ? ऋग्वेद के ही अंतःसाक्ष्य को लेते हुए यह निष्कर्ष निकलता है कि इस प्रथम वेद की ही रचना जैसे एक बड़े कालखण्ड में हुई। इसकी भाषा, छन्दविधान और ऋषियों की विविधता इसी बात का संकेत देती है। ऋग्वेद के पहले ही सूक्त का दूसरा मंत्र ऐसे ऋषियों का उल्लेख करता है जो 'पूर्वकाल' में अग्नि की उपासना करते थे। इस तरह भारत और पश्चिम की दृष्टि में जो मूल

अंतर उत्पन्न होता है वह यह है कि जहां भारत में वेदों को अपौरुषेय माना जाकर काल और समय की सीमा के बाहर प्रतिष्ठित किया गया है, वहीं पश्चिम के विचारकों ने इनके रचना-समय की अनेकशः गणना प्रस्तुत की है ।

'संस्कृत साहित्य के इतिहास' के लेखक मैक्समूलर ने प्रथमतः वेदों की रचना का समय ईसा पूर्व १२०० वर्ष माना । इस निष्कर्ष तक पहुंचने में उनका मुख्य ऐतिहासिक आधार बौद्ध मत का आविर्भाव था जोकि ईसा पूर्व ५०० वर्ष है । कीथ, गोण्डा और मैकडोनल आदि भी प्रायः इसी धारणा के समर्थक थे क्योंकि इनका विचार था कि आर्य ईरान की ओर से तेरह सौ वर्ष ईसा पूर्व के पहले भारत नहीं आए थे । किन्तु इस निष्कर्ष में बड़ी त्रुटियां है । वेदों में अंतःसाक्ष्य के रूप में ज्योतिष के अनेकानेक प्रमाण हैं । उस काल में ज्योतिष का ज्ञान यज्ञ के मुहूर्त शोधन आदि की दृष्टि से महत्वपूर्ण था । यही कारण है कि लोकमान्य तिलक, हरमन याकोबी आदि ने यह निष्कर्ष निकाला कि ब्राह्मणों के काल में वासंतिक संपात कृतिका नक्षत्र में पड़ता था जबकि संहिताओं की रचनाके समय यह मृगशिरा नक्षत्र में पड़ता हुआ बताया गया है । खगोलीय गणना के अनुसार यह काल क्रमशः ४५०० तथा २५०० ईसा पूर्व निधारित होता है । इस प्रकार नक्षत्रों की स्थिति और उनके आधार पर वर्तमान तक काल गणना करते हुए यह निष्कर्ष निकलता है कि ऐतिहासिक दृष्टि से वेदों की रचना ६००० वर्ष ईसा पूर्व हुई थी । कम से कम वेदों के उत्तरवर्ती भाष्य ब्राह्मण ग्रंथ ईसा पूर्व २५०० वर्ष के बाद नहीं लिखे गये । विचारणीय तो यहां यह भी है कि जिस अखंड भारत का स्वरूप भारतीय मान्यता में है उसके अनुसार वह सारा सुदूर पश्चिम उस भारत का ही अंग था जिसमें श्रेष्ठता के पर्याय आर्य कहलाते थे । अतः इनके कहीं बाहर से आने जाने की बात ही काल्पनिक है। किन्तु यह विषय भिन्न है अतः इसके विस्तार में जाना आवश्यक नहीं है ।

पुरातात्विक अन्वेषणों के आधार पर आर्य, मितान्नी तथा हिताइत सभ्यताओं में काफी साम्य मिलता है । मित्र, वरुण, इंद्र आदि देवता इनमें प्रायः समान हैं । यह प्रश्न उठता है कि भारत के इंद्र आदि देवता एशिया माइनर की मितान्नी जाति में कब और कैसे प्रविष्ट हुए ! इससे एक निष्कर्ष यह निकलता है कि ईसा पूर्व दूसरी सदी में एशिया माइनर में आर्य जन मौजूद थे । यह भी एक स्वीकृत तथ्य है कि जैन और बौद्ध दर्शन अपने अस्तिव की पृष्ठभूमि में वैदिक साहित्य की स्थिति को स्वीकार करते हैं ।

विषयवस्तु

वैचारिक धरतल पर वेदों की विषयवस्तु पर विचार करते हुए कुछ निष्कर्ष इस तरह के निकलते हैं :-

१. हमारे सामान्य अनुभव में प्रकट सत्य के भी परे जीवन में कोई गहन सत्य अवश्य है । इस नाशवान संसार में अमरता होनी ही चाहिए जिसकी कि हम लगातार खोज कर रहे हैं ।

२. संसार में सत्य और असत्य, प्रकाश एवं अंधकार तथा इनका प्रतिनिधित्व करने वाली शक्तियां-देवता और दानव अस्तिव में हैं ।

३. जीवन यात्रा में मनुष्य को बाह्य सहायता की आवश्यकता होती है। ऐसी सहायता देवताओं से प्राप्त की जा सकती है। वे हमारी अंतःप्रवृत्तियों को भी अनुकूलता प्रदान करने में समर्थ हैं।

४. सृष्टि की सारी विविधताओं और विचित्रताओं के बाद भी एक सार्वभौम परम सत्य और परम तत्व सर्वत्र मौजूद है। हम उसे अनेक परिचित या अपरिचित नामों से पुकारते हैं।

५. यह विराट विश्व रहस्य और ज्ञान का अक्षय केन्द्र है तथा इसमें मनुष्य की अनुभव और योग की भूमिका सुस्पष्ट है।

वेदों में नरक की परिकल्पना नहीं हैं। इस प्रकार वेदों में वर्णित देवलोक स्वर्ग और नरक की प्रचलित दूरियों को कोई विस्तार नहीं देता। संसार के सभी मनुष्य, स्त्री-पुरुष, गृहस्थ-संन्यासी, कोई भी अमरता प्राप्त करने की दिशा में प्रयाण कर सकते हैं। प्रत्येक मनुष्य के आगे एक व्यापक केनवास फैला हुआ है।

ऋग्वेद

ऋग्वेद के मुख्यतः दो प्रकार के श्रे ीकर ा हैं- दस मण्डल और आठ अष्टक। मण्डलों के अंतर्गत सूक्त आते हैं। तथा सूक्तों के अंतर्गत मंत्र या ऋचायें समाविष्ट हैं। जहां तक अष्टक विभाजन का प्रश्न है, प्रत्येक अष्टक आठ अध्यायों में तथा अध्याय वर्गो में विभाजित हैं। ऋग्वेद में कुल १०२८ सूक्त हैं जिनके मंत्रों की संख्या १०,६०० है।

दूसरे मण्डल से लेकर सातवें मण्डल की रचना में एक समानता है। इनके प्रधान ऋषिकुल मुख्यरूप से एक-एक है। उदाहरण के लिए मण्डल २ के ऋषि गृत्समद हैं। मण्डल ३ के ऋषि विश्वामित्र, मण्डल ४ के वामदेव, ५ के अत्रि, ६ के भारद्वाज तथा ७ के वशिष्ठ हैं। मण्डल १, ८, और १० को अनेक ऋषियों ने सिरजा है। मण्डल ९ देवता प्रधान है। इस पूरे मण्डल के एकमात्र देवता सोम हैं। मण्डल १० को कुछ विचारक बाद में संपादित मानते हैं क्योंकि इसकी विषयवस्तु उत्तरवर्ती भारतीय साहित्य को बहुत दूरी तक प्रभावित करती है। प्रथम मण्डल और दशम मण्डल में उल्लेखनीय समानता यह है कि दोनों ही मण्डलों में सूक्तों की संख्या १९१ है।

यजुर्वेद

यजुर्वेद के दो मुख्य भाग हैं - कृष्ण यजुर्वेद और शुक्ल यजुर्वेद। शुक्ल यजुर्वेद को वाजसनेयी संहिता भी कहा जाता है तथा यह शुद्ध संहिता के रूप में उत्तर भारत में व्यापक रूप से प्रचलित है। यह ४० अध्यायों में विभाजित है। इसमें ३२८ अनुवाक् हैं और इसकी मंत्र संख्या २०८६ है। इसके अधिकांश भाग में विभिन्न प्रकार के यज्ञ और इनसे संबंधित कर्मकाण्ड वर्णित हैं। इस वेद के बहुत प्रचलित और ज्ञात सूत्रों में रुद्रसूक्त, पुरुषसूक्त, शिवसंकल्पसूक्त तथा ईशोपनिषद आदि उल्लेखनीय हैं।

सामवेद

यह गायनप्रधान वेद है । इसके मंत्रों को दो भागों में बांटा गया है - अर्चिका और गान । अर्चिका को पूर्वार्चिका और उत्तरार्चिका श्रेणियों में बांटा गया है । इन दोनों भागों में कुल मंत्र संख्या १८१० है । मंत्रों की पुनरावृत्तियों को घटा देने पर इनकी संख्या १५४९ बचती है । तथापि वास्तविकता यह है कि मात्र १५ ऋचाओं को छोड़कर शेष सभी मंत्र ऋग्वेद के मण्डल ८ और ९ से ग्रहण किए गए हैं । इसके मंत्र मुख्यतया गायत्री तथा गायत्री और जगती के मिश्रित प्रगत छंद में रचित हैं ।

अथर्ववेद

अथर्ववेद, ५,९६२ मंत्रों के ७४० सूक्तों वाले २० काण्डों में विभक्त हैं । इसे ब्रह्मवेद भी कहा गया है । ऐतिहासिक दृष्टि से अथर्ववेद को वेद की मान्यता काफी समय बाद प्राप्त हुई । स्वयं अथर्ववेद में भी स्थान स्थान पर ऋग्, यजु और सामवेद के ही नाम का उल्लेख मिलता है, ऐसा अन्य वेदों में तो बराबर है ही । यहां तक कि परवर्ती साहित्य जैसे महाभारत (गीता), रामायण (आदित्यहृदय स्तोत्र) आदि में भी ३ वेदों के ही नाम वर्णित हैं । किन्तु अथर्ववेद के ज्ञाता पुरोहित को ब्रह्मा की संज्ञा दी गई है । यह ऋग्वेद के होता, यजुर्वेद के अध्वर्यु तथा सामवेद के उद्गाता के कार्यो का पर्यवेक्षण करता है । इसके मुख्य द्रष्टा ऋषि अथर्वा और अंगिरा हैं ।

२
ऋग्वेद का आकार

ऋषि, देवता और छन्द वेदों के आकार की त्रिभुजाएं हैं। भारत में यह मान्यता है कि इन तीनों का समन्वय ही मंत्र में शक्ति भरता है। इस प्रकार की रचना में सामान्य ज्ञान और मस्तिष्क की पहचान के परे गहरा अर्थ समझा जा सकता है। इन तीनों की एकतानता का ध्यान रखना नितान्त आवश्यक है क्योंकि बिना इसका निर्वाह किए मंत्रों का अर्थ लुप्त हो जाता है।

ऋषि सामान्यतः अनुभोक्ता, देवता अनुभव तथा छन्द इस अनुभव की क्रिया के परिचायक हैं। इस प्रक्रिया का अवलंबन लेकर वेद को पढ़ने वाला भी उसी अनुभव से गुजर सकता है जो वैदिक ऋषि का हुआ करता था। कुछ स्थानों पर ऋषि संबोधक, देवता संबोध्य तथा छन्द संबोधन का स्वरूप भी लेता प्रतीत होता है किन्तु ऐसा प्रायः कुछ नाटकीय संवादों जैसे सरमा-पणि, उर्वशी-पुरूरवा, नदी आदि सूक्तों में ही प्रकट होता है।

ऋषि

प्राचीन ऋषि चूंकि उच्च कोटि के विचारक, दार्शनिक और योगी हुआ करते थे, अतः उनके ध्यान और समाधि की अवस्था में उन्हें सार्वभौम सत्य का साक्षात्कार हो जाता था। ऋग्वेद के दस मण्डलों में ऐसे द्रष्टा ऋषियों की संख्या ४०३ है। इनमें से ३१५ ऋषि किसी न किसी ऋषिकुल से संबंधित हैं तथा ८८ ऋषियों की पहचान प्रायः एकाकी रहती है। गौतम, भारद्वाज, विश्वामित्र, जमदग्नि, कश्यप, वशिष्ठ और अत्रि आदि सप्तर्षि सभी ऋषियों के पूर्वज कहे जाते है। ये सभी सातों ऋषि नवम मण्डल के सूक्त १०७ तथा दशम मण्डल के १३७ के संयुक्त रूप से द्रष्टा हैं। मण्डल ९ के सूक्त ९२ के दूसरे मंत्र में कहा गया है कि सप्तर्षि सोम के यज्ञ में भाग लेते हैं। इसी प्रकार मण्डल १० के सूक्त २७ के मंत्र ५ में कहा गया है कि विश्वामित्र आदि सप्तर्षि प्रजापति इन्द्र से ही उत्पन्न हुए थे। इन सात ऋषियों में से यद्यपि कश्यप, गौतम और जमदग्नि आदि तीन किसी भी मण्डल के मुख्य द्रष्टा ऋषि नहीं हैं किन्तु कुछ मंत्रों में उनका उल्लेख अवश्य होता है। यदि इन सभी ऋषिकुलों पर गहराई से विचार किया जाए तो ऐसा स्पष्ट होता है कि मुख्य रूप से समस्त ऋषि जिन चार ऋषिकुलों से संबंधित हैं वे अंगिरस, भार्गव, कश्यप और अत्रि हैं। अंगिरस परिवार के अंतर्गत गौतम और भारद्वाज आ जाते हैं। भार्गव परिवार के अंतर्गत विश्वामित्र और जमदग्नि आते हैं।

कश्यप परिवार में श्री वशिष्ठ उल्लेखनीय हैं तथा अत्रि का विवरण स्वतंत्र रूप से किया जाता है।

सभी प्रजाओं के पिता प्रजापति ने सृष्टि के आदि में यज्ञ द्वारा जिन तीन संतानों को जन्म दिया वे भृगु, अंगिरा और अत्रि थे। भृगु की एक संतान का नाम ऋचीक था। वे जमदग्नि के पिता थे। विश्वामित्र की उत्पत्ति भी उनके संबंध से ही गाधि के पुत्र के रूप में हुई तथा इस प्रकार विश्वामित्र भी भार्गव के रूप में जाने गये हैं। अंगिरा के दो पुत्र थे - उतथ्य और बृहस्पति। बृहस्पति के पुत्र का नाम भारद्वाज था तथा उतथ्य के पुत्रों का नाम दीर्घतमा एवं पौत्र का नाम कक्षीवान था। ये सभी वेद के द्रष्टा ऋषि हुए। कण्व और गौतम ऋषि भी इसी परंपरा में आते हैं।

वशिष्ठ कश्यप के पौत्र थे। उनकी परंपरा इस क्रम में चली - मरीचि, कश्यप, मैत्रावरुण, वशिष्ठ, शक्ति, पाराशर इत्यादि।

ऋग्वेद के दश मण्डलों के अलग अलग मुख्य ऋषियों पर विचार करते हुए यह प्रकट होता है कि प्रथम मण्डल में उल्लेखनीय ऋषि हैं - मधुच्छंदा, गौतम, अगस्त, भृगु, उषना, कुत्स, अथर्व, शुनःशेप, बृहस्पति आदि। इसी तरह मण्डल ८ और १० में भी ऋषियों की विविधता तथा बाहुल्य मिलता है। जहां तक दो से लेकर नौ मण्डल तक के ऋषियों का संबंध है उनके क्रमशः नाम हैं - गृत्समद, विश्वामित्र, वामदेव, अत्रि, भारद्वाज, वशिष्ठ, कण्व और अंगिरा।

इन ऋषियों को वेद में 'कवि' अर्थात् क्रांतदर्शी माना गया है। वे अपने काल और समय के परे देख सकते थे। उन्हें 'विप्र' भी कहा गया है क्योंकि वे ज्ञान के प्रकाश से आलोकित थे। मण्डल तीन के सूक्त ४३ के मंत्र ५ में ऋषि को अतीन्द्रिय द्रष्टा कहा गया है। इन ऋषियों में समाज, मानव जाति और संसार के कल्याण का उत्तम भावबोध था। वे ज्ञात और अज्ञात सभी शक्तियों के समन्वय से जीवन और जगत में पूर्णता लाना चाहते थे।

देवता

ऋग्वेद के देवता महान और शक्तिशाली हैं। उनका प्रकृति की शक्तियों पर संपूर्ण नियंत्रण है तथा वे मनुष्य और संसार के हित करने में सर्वदा समर्थ हैं। उनमें मनुष्य के कल्याण की बाधक शक्तियों को परास्त करने की भी क्षमता है। वे ईमानदार, भले और सद्‌गुणी लोगों को पुरस्कृत करते हैं। इनका मनुष्यों से संबंध लगभग वैसा ही स्थापित किया जा सकता है जैसा कि एक परिवार के विभिन्न सदस्यों का घर के मुखिया से होता है। इन देवताओं की पूजा, प्रार्थना और सम्मान मनुष्यों से इनकी संबंध स्थापना का सेतु बन सकता है। इतना अवश्य है कि वे मनुष्यों की तुलना में प्राकृतिक शक्तियों और उनके स्रोत के अधिक निकट हैं अतः उनके प्रति मनुष्यों की श्रद्धा, समर्पण और सेवा होनी चाहिए।

यास्क ने इन देवताओं को तीन श्रेणियों में बांटा है - स्वर्ग, आकाश और पृथ्वी के देवता। स्वर्ग के देवताओं की कोटि में वरुण, मित्र, सूर्य, पूषण, अश्विनीकुमार आदि आते हैं। आकाश

क्षेत्र के देवता इन्द्र, रुद्र, मरुत्, वायु, पर्जन्य आदि है। पृथ्वी के देवताओं में पृथिवी, अग्नि और सोम आते हैं। वेदों में कुछ निराकार देवता भी हैं, जैसे -प्रजापति, बृहस्पति, त्वस्टा और श्रद्धा। इनमें देवियां भी बहुत महत्व रखती हैं, जैसे -अदिति, उषा, सरस्वती व पृथ्वी आदि। ऋग्वेद में युगल और संयुक्त देवता भी महत्वपूर्ण स्थान रखते हैं। इनके नाम हैं - मित्रावरुण, द्यावा-पृथिवी और अश्विनीकुमार आदि। इनके अतिरिक्त भौतिक और प्रत्यक्ष वस्तुएं जैसे - नदियां, पहाड़, समुद्र आदि भी देवता जैसा सम्मान रखते हैं। इनकी संख्या करीब २०० है। यहां तक कि पशु जैसे - गाय, घोड़ा, श्येन और शुनि आदि को भी देवता का स्थान दिया गया है। नीचे कुछ महत्वपूर्ण देवताओं का परिचय दिया जा रहा है —

अग्नि

अग्नि, पृथिवी पर स्थित एक महत्वपर्णू देवता है। इन्द्र के बाद अग्नि ही ऋग्वेद में सबसे अधिक महत्वपूर्ण है। ऋग्वेद में लगभग २०० सूक्तों में अग्नि की आराधना की गई है। सामान्यतः अग्नि से आशय भौतिक अग्नि से है किन्तु अनेक स्थानों पर इस देवता का आकार भी वर्णित है। उसकी जीभ आहुतियों को स्वीकार करती है। उसे एक वृषभ की भांति बताया गया है जिसके सींग हैं। कहीं कहीं उसकी तुलना घोड़े, पक्षी आदि से भी की गई है। काष्ठ और आहुतियां अग्नि का भोजन तथा घृत उसका पेय है। वह सूर्य की भांति रात्रि में प्रकाशमान रहता है। वह वनों में आक्रमण करता है तथा उसकी ज्वालाओं की तुलना समुद्र की लहरों से की जाती है। उसकी आवाज की तुलना, वायु, सिंह और बादल से की गई है। उसके स्वर्ण रथ को दो अथवा तीन घोड़े संचालित करते हैं। अग्नि सभी औषधियों में विद्यमान है। वह धरती की नाभि है। उसे समुद्र में भी विद्यमान कहा गया है। उसके तीन सिर, तीन जिह्वा और तीन शरीरों का भी उल्लेख मिलता है। (३.२०.२)

अन्य देवताओं की तुलना में अग्नि मनुष्य के अधिक निकट है। उसे बार बार गृह स्वामी कहा गया है। प्रत्येक घर का वह एक नियमित अतिथि है। वह मनुष्य का पिता, भ्राता, पुत्र और माता सभी है। वह संदेशवाहक है तथा पुरोहित अर्थात् अग्रदूत भी है। अग्नि पुरोहित के सभी कार्य स्वयं भी संपन्न कर रहा है। वह यज्ञों का संचालक तथा यज्ञ में देवताओं का भाग पहुंचाने वाला उपयुक्त माध्यम है। ऐतिहासिक दृष्टि से भारत और ईरान दोनों में ही अग्नि समान रूप से स्वीकृत और सम्मानित देवता है। अग्नि की उपासना इटली और यूनान में भी किये जाने के प्रमाण है। सारांशतः अग्नि ऊर्जा का समग्र स्वरूप है।

सोम

ऋग्वेद में सोम के संबंध में १२० सूक्त मिलते हैं। उसका क्रम इन्द्र और वरुण के बाद तीसरा है। इन्द्र और वरुण की तुलना में उसका भौतिक आकार बहुत विकसित नही कहा जा सकता। वह इन्द्र का रथवाहक है। वह यज्ञ के अवसर पर प्रकट होकर आहुतियां ग्रहण करता है।

सोम सामान्यतः एक दिव्य पेय के रूप में भी जाना जाता है जो मधुर, ताजा और आनंदवर्धक है। इस पेय को जड़ी बूटियों से निचोड़ा जाकर शिलाखण्डों पर पीसा जाता है।

इसे अग्नि को भी अर्पित किया जाता है । इसमें पानी और दूध मिलाया जाता है । देवता इस सोम का पान करते हैं । वे इससे आनंदित होकर अमरता प्राप्त करते हैं । इसमें पोषण की व्यापक क्षमता है । यह रोगों को भी दूर करता है । यह अंधे को आंख, लंगड़े को टांग प्रदान करता है । वह मनुष्य की सुरक्षा का प्रहरी बनकर उसे दीर्घायु देता है । सोम ही इन्द्र को दानवों के विरुद्ध लड़ने की अपार सामर्थ्य देता है । सोम रसपान करके इन्द्र वृत्र का सामना करता है । यह रसपान इन्द्र को अजेय बनाता है ।

सोम की तुलना चंद्रमा से भी की गई है तथा इसे स्निग्धता और शीतलता में चंद्र का पर्याय भी माना गया है । किन्तु सोमरस के पेय होने के तथ्य को प्रधानता से व्यक्त किया जाना स्पष्ट है । सारतः इतना और कहा जा सकता है कि सोम समस्त वनस्पतियों औषधियों का प्रतिनिधि है ।

बृहस्पति

बृहस्पति से संबंधित सूक्तों की संख्या ११ है । बृहस्पति का भौतिक रूप बहुत विकसित नहीं है । कुछ संकेत कहते हैं कि इसके सात गुण, सात किरणें, नीली पीठ, स्वर्णिम आकार तथा सुने जाने योग्य आवाज है । उसके पास एक तीखा तीर और ऋत की प्रत्यंचा युक्त धनुष है । वह रथ में बैठकर दैत्यों का संहार करता है और देवताओं का गुरु है तथा उसमें अग्नि के समान ओज है । उसकी उपस्थिति के बिना कोई यज्ञ पूरा नहीं हो सकता । वह शास्त्रों का गायक है (१०.३६.५) उसे भक्ति संगीत का अच्छा गायक बताया गया है । इन्द्र बृहस्पति का अक्सर आह्वान करता है तथा उसके साथ सोमरस का पान करता है । प्रतीकार्थ में बृहस्पति व्यापक ज्ञान का प्रतिनिधि और प्रेरक तत्व है ।

इन्द्र

ऋग्वेद का लगभग चौथाई भाग (२५० सूक्त) इन्द्र को समर्पित हैं । वस्तुतः इन्द्र वैदिक साहित्य का प्रधान देवता है । यद्यपि इन्द्र के चरित्र का विकास वर्षा के स्वामी के रूप में होता है किन्तु वह विश्व में अनुशासन कायम करने वाली महाशक्ति का प्रतिनिधित्व करने लगता है । अन्य देवताओं की तुलना में उसका व्यक्तित्व भी काफी कुछ विकसित है । उसके हाथ लंबे, स्वस्थ और मजबूत हैं । सूर्य के समान प्रकाशवान वह वज्रबाहु है । त्वष्टा ने उसके इस अस्त्र का निर्माण किया था । कभी कभी उसके पास धनुष और बाण भी रहते हैं । इन्द्र स्वर्ण रथ में यात्रा करता है । इसे दो हरे घोड़े खींचते हैं । उसे सोम रस बहुत प्रिय है । सोम रस पान करने के लिए वह चोरी भी कर सकता है । (३.४८.४) इस पेय के कारण वह स्वस्थ रहता है तथा उसे वृत्र के वध करने की सामर्थ्य प्राप्त होती है । एक सूक्त में इन्द्र सोम रस का पान कर स्वयं ही अपनी शक्ति और ज्ञान का विस्तार से बखान भी करता है । इन्द्र सूर्य के रथ को दिशा प्रदान करता है । उसके प्रकट होने पर पृथ्वी, आकाश और पर्वत कांपने लगते हैं । अग्नि और उषा उसके भाई हैं । इन्द्राणी उसकी पत्नी है । मरुत्गण उसके मित्र हैं जो युद्ध में उसके साथ लड़ते हैं । उसका वरुण, सोम, बृहस्पति, उषा और विष्णु से संबंध बहुत निकट का है ।

इन्द्र का आकार बहुत बड़ा है। संपूर्ण आकाश और पृथिवी उसकी तुलना में बौने हैं। यदि धरती को उसके आकार का दश गुना कर दिया जाए तो शायद इन्द्र की बराबरी हो सकेगी। (१.५२.११) वह अपराजेय है तथा हमेशा युवा रहता है। जब उसने वृत्र को मारने के लिए वज्र उठाया तो संपूर्ण आकाश और पृथिवी कांपने लगे। वह पृथिवी, पर्वत आदि की गति को नियंत्रित कर उन्हें स्थायित्व प्रदान करता है। एक बार पर्वत स्वच्छन्द रीति से उड़ने लगे तो उसने उनके पंख ही काट डाले। धरती और आकाश को पृथक रखने का जिम्मा भी उसी का है। वह आर्यों का रक्षक और दस्युओं का संहारक है। वह अपनी प्रजा में सुख और शांति फैलाता है। उसकी प्रार्थना करने वाले गाय, घोड़े और अन्य धन सामग्री प्राप्त करते हैं। वह बृहस्पति की पणियों से गायों के उद्धार में सहायता करता है। उसने दासराज्ञ युद्ध में राजा दिवोदास की सहायता की।

अवेस्ता में भी इन्द्र का उल्लेख मिलता है किन्तु उसमें वह बहुत विकसित व्यक्तित्व वाला नहीं है। यहां तक कि इसमें वह एक दानवों का देवता है। किन्तु दोनों में ही इन्द्र एक देवता है। संभवतः इस तरह इन्द्र को कोई पुराऐतिहासिक स्थान देकर हम उसके सच्चे अर्थ को समझने में कोई त्रुटि ही करते हैं। श्री अरविंद के अनुसार इन्द्र मनुष्य के ज्ञान की उच्च अवस्था की अभिव्यक्ति है। मनोवैज्ञानिक आधार पर विचार करते हुए हम पाते हैं कि इन्द्र मानवीय सत्ता, सामर्थ्य एवं उसके स्वभाव का प्रतीक है।

रुद्र

ऋग्वेद में रुद्र से संबंधित केवल ३ सूक्त हैं। सोम से संबंधित कुछ अन्य सूक्तों में रुद्र का नामोल्लेख मिलता है। उनके हाथों में कष्ट निवारण की क्षमता है। वे मजबूत हैं। उनके होठ सुंदर है तथा उनका रंग भूरा है। उनकी बिजली जैसी तलवार आसमान और धरती के बीच चमकती है। उनके पास धनुष और बाण है। वे मरुतों के साथ विचरण किया करते हैं। रुद्र का एक नाम त्र्यम्बक भी लिया गया है जो बाद में जाकर शिव का पर्यायवाची बनता है। रुद्र उग्र देवता हैं। अतः उनसे यह प्रार्थना की गई है कि वे भक्तों, भक्त के परिवार, उनके संबंधियों, पशुओं आदि पर क्रोध न करें। वे उनकी बाधाएं दूर करें। उनमें बीमारी दूर करने की बड़ी क्षमता है क्योंकि वे अनेक औषधियों का स्रोत है। उनका हाथ अमृत रस से भरा रहता है।

पर्जन्य

पर्जन्य की भी प्रार्थना तीन सूक्तों में की गई है। यह देवता जलवृष्टि कारक है। उसे ऐसे वृषभ के रूप में याद किया गया है जो गर्जना करता है। वह वर्षा से भीगे रथ में बैठकर चारों तरफ के जलद्वार खोल देता है। वह सिंह के समान गर्जना करता है। पहले उससे पानी बरसाने की प्रार्थना की गई है इसके बाद उससे अनुरोध किया गया है कि वह जलवर्षा को रोक दे। पर्जन्य से संबंधित सूक्तों में सूखे क्षेत्र को भिगोते, धरती में अंधकार लाते तथा वनस्पतियों का अभिसिंचन करते हुए बादलों का बड़ा काव्यात्मक वर्णन किया गया है। आज के संदर्भ में पर्जन्य मेघ, मानसून का ही स्वरूप कहा जा सकता है।

आप

इस देवता के संबंध में चार सूक्त और कुछ मंत्र मिलते हैं । इस देवता के व्यक्तित्व का विकास प्रायः अधूरा ज्ञात होता है । ये देवता इन्द्र द्वारा उत्खनित मार्ग में चलते हैं । यह रास्ता समुद्र की ओर जाता है । जहां जहां मित्रावरण पहुंचते है, वहां वहां ये भी अवश्य ही पहुंचते हैं । ये सूर्य के भी निकट पाये जाते हैं । आप में ओषधियों के गुण विद्यमान हैं । वे मनुष्यों को दीर्घायु प्रदान करते हैं । उनका संबंध मधु से भी जहां तहां जोड़ा गया है । सोम को भी इन देवताओं की संगति में सुख मिलता है । संक्षेप में आप जल के विविध रूप, आकार और स्वभाव के प्रतिनिधि बिम्ब हैं ।

वरुण

इस देवता के भौतिक आकार की तुलना में इसके नैतिक गुणों को अधिक महत्व दिया गया है । इसका संदर्भ प्रायः मित्र और अर्यमा के संपर्क में अधिक आता है । इसका मुख अग्नि और सूर्य के समान है । वरुण की दूरदृष्टि १००० आंखों के बराबर है । वह यज्ञ के समय मित्र और अर्यमा के साथ घास पर बैठकर सोमरस पान करता है । उसका रथ और उसकी संख्या विशेष रूप से उल्लेखनीय है । वह अनुशासन प्रिय है । वह न केवल मनुष्यों, बल्कि देवताओं पर भी नियंत्रण रखता है । वह समुद्रों का अधिपति है और नदियों को सही दिशाओं में प्रवाहित रखता है । वह धरती, आकाश और स्वर्ग में जल से अभिसिंचन करता है । वह नियम तोड़ने वालों को कठोर दंड देता है तथा अपनी अटूट श्रृंखला में बांधता है । उसके पास अनेक ऐसी भी औषधियां हैं जो मनुष्य को मृत्यु के मुख से लौटाकर उसे अमरता प्रदान कर सकती हैं । संक्षेप में कहा जा सकता है कि वैदिक देवता वरुण समस्त जल स्रोतों का अधिपति और सभी जीवन मूल्यों का नियामक है ।

विष्णु

परवर्ती भारतीय पुराण साहित्य के व्यापक आधार की तुलना में ऋग्वेद में विष्णु का स्थान बहुत सीमित है । उन्हें केवल ५ सूक्तों में संबोधित किया गया है । तथापि उनके व्यक्तित्व का विकास तुलनात्मक दृष्टि से कुछ अधिक हुआ प्रकट होता है । वे युवा और चौड़े हैं । उनके द्वारा तीन पगों से धरती को माप लिये जाने की घटना का बार बार उल्लेख मिलता है । संसार में मनुष्यों को उनके केवल दो ही पग दिखाई देते हैं । उन्हें बहुत प्रकाशवान होने के कारण सूर्य जैसा माना गया है । यह कोई आश्चर्य नहीं कि सूर्य का एक नाम सूर्यनारायण है ।

विष्णु ने इन्द्र के साथ धरती और आकाश को व्यापकता प्रदान की । कुछ सूक्तों में इन्द्र विष्णु के सहयोगी के रूप में वर्णित है । इन्द्र की शक्ति के कारण विष्णु ने ३ पगों से धरती को मापा तथा इन्द्र ने वृत्र का वध किया । वृत्र को मारने के पहले विष्णु का आह्वान करते हुए इन्द्र का कहना है "विष्णु, मेरे सखा, लंबे लंबे पग धरो" ४.१८.११ । विष्णु ने इन्द्र को शंबर के ९० किलों को नष्ट करने में भी सहायता प्रदान की । विष्णु के व्यक्तित्व की समग्रता उन्हें विश्व देवों का एकीभूत प्रतिनिधि प्रतीत कराती है ।

पूषण्

ऋग्वेद के आठ सूक्तों में पूषण् का उल्लेख है। इस देवता का रूप अप्रकट है। उसके पैरों तथा दायें हाथ का उल्लेख मिलता है। उसके बाल घुंघराले हैं तथा उसकी दाढ़ी उगी हुई है। उसके पास एक तीव्र भाला है। उसके रथ का भी वर्णन हुआ है। वह स्वयं भी एक अच्छा सारथी है। उसके रथ को बकरियां खींचती हैं। वह अपनी बहन उषा को बहुत प्रेम करता है। वह अपने भक्तों की आकाश यात्रा में बहुत सहायक है। उसे यह भी ज्ञान है कि संपत्ति का संचय कहां किया गया है। सोम और इंद्र के सहयोगी के रूप में भी उसका स्मरण किया गया है। इनके अतिरिक्त भग और विष्णु भी उससे संबंधित बताये गये हैं।

सविता

ऋग्वेद के ११ संपूर्ण सूक्तों तथा कुछ अन्य भिन्न सूक्तों में सविता का उल्लेख प्राप्त होता है। यह एक प्रकाश का देवता है। उसकी आंखें, जीभ और हाथ सभी आभा से युक्त हैं। वह स्वर्णिम घोड़ों के स्वर्णिम रथ में बैठता है। वह आकाश, पृथ्वी और द्युलोक सभी को प्रकाशित करता है। वह उषा के पीछे पीछे आता है। उसका पथ धूल और कीचड़ से परे स्थित निर्मल आकाश है। वह बहुत अनुशासन प्रिय है तथा जल और हवा उसके आदेशों का पालन करते हैं। उसने पृथ्वी को उसकी धुरी में स्थापित किया हुआ है। यह एक ऐसा आधार है जो बिना किसी ठोस खम्बे के काम करता है। सविता से अपने भक्तों को सन्मार्ग पर चलने की प्रेरणा के लिए प्रार्थना की गई है।

सविता का प्रभात और संध्या से संबंध है। वह सभी प्राणियों को चाहे वे दो पावों के हों अथवा चार के, जागृत रखता है। वह यात्रियों को शक्ति देता है। रात भी उसकी इच्छा से ही प्रवेश करती है।

सविता और सूर्य दोनों प्रायः एक ही है। किन्तु कुछ स्थानों पर दोनों में अंतर बताया गया है तथा सविता को सूर्य का प्रेरक कहा गया है। कहा जा सकता है कि सविता सूर्य की सृजनात्मक शक्ति है जो सूर्य के भीतर और बाहर अपनी विराटता में स्थित है।

उषा

उषा की प्रार्थना २० सूक्तों में की गई है। वह प्रातः की देवी है। यद्यपि उषा के व्यक्तित्व का पूरी तरह से विकास नहीं हुआ है, किन्तु उसकी प्राकृतिक छटा और सौन्दर्य निराला है। उषा का सौंदर्य वर्णन वेद की अप्रतिम कविता है। इसकी तुलना विश्व की किसी भी कविता से की जा सकती हैं। वह अपने शरीर को सफेद वस्त्र से ढंककर एक सुन्दरी की तरह क्षितिज पर प्रकट होती है। पूर्व में इस प्रकार प्रकट होने के पश्चात् वह अपनी सुन्दरता को बिखेरने लगती है। ऐसा लगता है जैसे उसने प्रकाश के सरोवर में डुबकी ले ली हो और अंधकार को हटाने का बीड़ा उठाया हुआ हो। वह बहुत जल्दी उठ जाती है तथा पक्षियों, पशुओं और मनुष्यों को जल्दी जगाने के काम में लग जाती है। वह स्वर्ग के दरवाजे का ताला खोलती है तथा स्वप्न के अंधकार को हटाकर सत्य की ओर ले चलती है। उषा के रथ को लाल घोड़े

खींचते हैं । वह सूर्या को आने के लिए घर का द्वार खोलती है । सूर्य उसका वैसे ही पीछा करता है जैसे एक प्रेमी प्रेमिका का किया करता है-

बिताए बहुत दिन तुमने
प्रतीक्षा रवि उदय की
पूर्व में ही
बहुत हो पति परायण तुम
कि जैसे जार नारी
नहीं संन्यासिनी कोई कदाचित् । १.११५.२

वह सूर्य की पत्नी तथा भग की बहिन है । वह रात्रि की भी बहिन है । वह प्रकाश को उद्घाटित करती है । अग्नि उससे मिलने के लिए आगे बढ़ता है । अश्विनी कुमार उषा के मित्र हैं । उषा के भक्त प्रार्थना करते हैं कि जिस प्रकार एक मां अपने पुत्रों को प्रेम करती है वैसे ही उषा उन्हें प्रेम करे ।

अश्विनी कुमार

ऋग्वेद के लगभग ५० मंत्रों में इन जुड़वां देवताओं का उल्लेख हुआ है । इन देवताओं से जुड़ी हुई अनेक कहानियां और मिथक भी उपलब्ध हैं । इनका व्यक्तित्व इस प्रकार गहन और रहस्यपूर्ण है ।

इनका मधु से निकट का संबंध है । इनका पात्र मधु से भरा रहता है । वे सोमरस को बहुत पसंद करते हैं । घोड़ों के अलावा हंस और बाज पक्षी भी उनके रथ को खींचते हैं । इनकी वीरता के कई किस्से हैं । वे अपने रथ में विमद की पत्नी को ले आये । उन्होंने समुद्र में डूबे हुए तुग्र के पुत्र भुज्यु को बचाया। उन्होंने उसे अपनी नौका में ले जाकर समुद्र से दूर सुरक्षित स्थान दिया । यह नाव पानी के साथ साथ हवा में भी चल सकती थी । उन्होंने अघास्व को सफेद अश्व दिया । जब अत्रि जलकर एक कुएं में गिर पड़े तो उन्होंने उन्हें शीतलता दी और उन्हें बचाया भी । जब गौतम को प्यास लगी तो उन्होंने कुएं को भी उलटकर उनकी प्यास बुझा दी । उन्होंने बूढ़े च्यवन का कायाकल्प कर उन्हें एक युवक बना दिया । उन्होंने ऋज्रास्व को नेत्र ज्योति लौटाई । इनके द्वारा विष्पला की युद्ध की भूमि में टूटी हुई टांग को जोड़ने का काम किया गया । इनके द्वारा अथर्वन के पुत्र दध्यान के सिर पर एक घोड़े का शीष लगा दिया गया । इनका विवाह सूर्य की पुत्री सूर्या के साथ होता है । वैचारिक धरातल पर यह स्थापित होता है कि अश्विनीकुमार सृष्टि में गतिशीलता के अधिष्ठाता देवता और शक्ति के परिचायक है ।

सरस्वती

ऋग्वेद में उत्तरी पहाड़ों से दक्षिण की ओर बह रही बड़ी नदी सरस्वती का बहुत उल्लेख मिलता है । भारत में १९५० के बाद इस दिशा में किए गए पुरातात्विक शोध बताते हैं कि यह नदी निश्चित ही मौजूद थी जो बाद में जाकर सूख गई है । परवर्ती पौराणिक साहित्य में

सरस्वती बुद्धि की देवी बन जाती है जिसके हाथ में वीणा स्थित है । सायण के अनुसार सरस्वती कहीं कहीं नदी और कहीं वाणी का प्रतिनिधित्व करती है । विल्सन तथा ग्रिफिथ सरस्वती को नदी की देवी ही मानते हैं । अरविंद दर्शन के अनुसार सरस्वती प्रेरणा की शक्ति है जो उच्च ज्ञान के धरातल से बहकर ऋषियों की मेधा बन जाती है । बौद्धिक स्तर पर विचार करते हुए यह अति ज्ञान का स्रोत ही है जो द्रष्टा ऋषि के लिए प्रकट किन्तु ज्ञान के चक्षु बन्द हो जाने पर अदृष्ट हो जाती है ।

छन्द

ऋग्वेद एक छन्दबद्ध रचना है । इन छन्दों की जानकारी वेद मंत्रों को समझने के लिए बहुत आवश्यक है । ऋग्वेद में यद्यपि सात तरह के छन्दों का प्रयोग हुआ है किन्तु इन्हें मुख्य रूप से तीन श्रेणियों में बांटा जा सकता है । पहली श्रेणी तीन पदों के मंत्रों की है जिसमें गायत्री और उष्णिक छन्द आते हैं । दूसरी श्रेणी चार पदों वाले मंत्रों की है जिसमें अनुष्टुप्, बृहती, त्रिष्टुप् और जगती छन्द आते हैं । तीसरी श्रेणी चार पदों वाले मंत्रों की है जिसके अंतर्गत पंक्ति नामक छंद आता है । एक छंद में सामान्यतया ८, ११ अथवा १२ वर्ण होते हैं । ऋग्वेद के सबसे महत्वपूर्ण छंद त्रिष्टुप्, गायत्री और जगती हैं । इनके द्वारा करीब २ तिहाई भाग आवृत्त हुआ है । ऋग्वेद के छंदों में लिखे गये कुल मंत्रों की संख्या निम्नानुसार है :-

गायत्री	२४६७
उष्णिक	३४१
अनुष्टुप्	८५५
त्रिष्टुप्	४२५३
बृहती	१८१
जगती	१३५८
पंक्ति	३१२

इस प्रकार ऋषि, देवता और छंद परस्पर एक दूसरे से इतने जुड़े हुए है कि किसी भी मंत्र की पूर्णता इन तीनों की संगति से ही समझी जा सकती है । भारत में सनातन काल से विनियोग द्वारा आराधना की पद्धति प्रचलन में है । इसके आधार पर एक मंत्र द्वारा आराधना करने वाला साधक ऋषि और छंद से तादात्मीकरण के आधार पर देवता का साक्षात्कार करता है ।

महर्षि महेश योगी के अनुयायी डॉ. टोनी नेडर ने मानव शरीर संरचना की वैदिक वांड्गमय से विचित्र तुलना करते हुए महत्वपूर्ण शोध कार्य किया है । जिस प्रकार मनुष्य के शरीर के विभिन्न प्रकट और अप्रकट अंग प्रत्यंग उसकी पूर्णता में सहायक हैं वैसे ही वैदिक वाड्ंगमय के मंत्रों की रचना संपूर्ण सत्य के साक्षात्कार का प्रतिनिधित्व करती है । वैदिक छंदों में ध्वनि के साथ साथ नीरवता भी विद्यमान है, ठीक वैसे ही जैसे मनुष्य शरीर में विभिन्न कोषाणुओं को जोड़ते हुए कुछ रिक्ति हुआ करती है । यह व्यक्त और अव्यक्त या प्रकट और

अप्रकट का अद्भुत समन्वय है जो सत्य के साक्षात्कार का एकमात्र और सबसे उपयुक्त माध्यम है। वेदों के ऋषियों के द्वारा प्रयुक्त छंदों के माध्यम से देवता - सत्य साक्षात्कार में यही विधि अपनाई गई है।

भाषा

मूल ध्वनि (धातु) से जो अर्थ निष्पादित होता है वह भाषा का ही कमाल है। चौथी सदी ईसा पूर्व में जब पाणिनि ने संस्कृत व्याकरण शास्त्र की रचना की, तब वेद इसके बहुत पूर्व ही लिखे जा चुके थे। वेदों की भाषा संस्कृत के रूप, प्रतिरूप से अधिक समृद्ध हैं। इसके स्वर और व्यंजन दोनों के ही रूपों में कुछ भिन्नता है। इसके स्वरों में एक गेयता है। संस्कृत के ह्रस्व और दीर्घ स्वरों के साथ साथ इसमें एक प्लुत स्वर काम करता है। इसमें सघोष और नासिक वर्णों का उच्चारण विशिष्ट है। इसी तरह कुछ व्यंजनों का उच्चारण भी इसमें अलग प्रकार का है।

वैदिक भाषा क्रिया प्रधान है। यही कारण है कि इसमें प्रवाह और वेग अधिक है। महान वैयाकरणी पाणिनि के अनुसार जहां कहीं भी मंत्र का आरंभ क्रिया पद से होता है उसका स्वर उदात्त तथा इससे अंत होने पर वह अनुदात्त रहता है।

वैदिक संस्कृत में संधियां परवर्ती संस्कृत की तुलना में अधिक आसान हैं। उदाहरण के लिए ऋग्वेद में 'ए' तथा 'ओ' के पश्चात् आने वाले 'अ' का उच्चारण हमेशा किया जाता है। ऋग्वेद के शब्द रूप भी भिन्न हैं। ऋग्वेद के सर्वनाम वैदिक संस्कृत से संख्या में काफी अधिक हैं। इसमें कहीं-कहीं संज्ञा और सर्वनाम को क्रिया विशेषण के रूप में प्रयोग में लाया गया है। यही कारण है कि केवल संस्कृत जानने वाले लोग वैदिक संस्कृत समझने में कठिनाई अनुभव करते हैं।

मंत्रों के उदात्त स्वर बहुत महत्व रखते हैं। बिना इन्हें समझे मंत्र का अर्थ आत्मसात् करना कठिन है। स्वर तीन प्रकार के हैं - उदात्त, अनुदात्त और स्वरित। मंत्रों में इनका उपयोग साभिप्राय किया जाता है। वैदिक मंत्रों का संस्कृत के श्लोकों की तरह अन्वय भी नहीं किया जा सकता। इनमें प्रत्येक पद का स्वतंत्र रूप से अस्तित्व है तथा मंत्र का अर्थ समग्रता में ही समझा जाना चाहिए।

वैदिक संस्कृत के कुछ शब्दों के वर्तमान संस्कृत में आते आते अर्थ बदल गये हैं। उदाहरण के लिए 'येर्रत' शब्द जिसका अर्थ कष्ट और शत्रुता का था संस्कृत में 'अरि' के रुप में केवल शत्रु का ही भाव रखता है। इसी प्रकार 'वध' शब्द का अर्थ शस्त्र हुआ करता था जो कि वर्तमान में आकर हत्या में परिवर्तित हो गया है।

अभिप्राय

वैदिक ऋषियों का वैदिक सूक्तों की रचना करते समय प्रधान उद्देश्य क्या था, सामान्यतया बता पाना बहुत कठिन है। इस संबंध में विचारकों ने अपनी अपनी धारणाओं के अनुरूप अनुमान ही लगाए हैं। इतना अवश्य कहा जा सकता है कि इन मंत्रों को विचार और

भाव तादात्मीकरण की उच्चवस्था में लिखा गया है । इनकी विषय वस्तु और भाव बोध अत्यन्त व्यापक है । इनमें समाज, राजनीति, परिवार, धर्म, व्यक्तिगत जीवन और देशकाल की भरपूर सामग्री है । सबसे महत्वपूर्ण बात यह है कि इनमें दर्शन, विज्ञान और आध्यात्म के गूढ़ रहस्यों का तात्विक निदर्शन है । संसार की उत्पत्ति, जीवन और मृत्यु के निगूढ़ प्रश्न, मानव जीवन का उद्देश्य, साहित्य, इतिहास, भूगोल, ज्योतिष, खगोल विद्या, औषधि तथा आकाश एवं जलयात्रा आदि इनकी विषय वस्तु हैं । सबसे महत्वपूर्ण तथ्य वेदों की धर्मनिरपेक्षता है । इनमें किसी धर्म अथवा देवता के प्रति कोई आग्रह किया गया प्रकट नहीं होता है । ऋग्वेद पुराणों तथा अपार भारतीय मिथक परंपरा का मूल स्रोत है । इन्द्र, विष्णु, सूर्य, रुद्र, बृहस्पति, विश्वामित्र, वशिष्ठ, उर्वशी, श्री, वाक्, सरस्वती, यम, यमी, गरुड़ तथा पुरूरवा, दाशराज्ञ आदि ऋग्वेद के ही पात्र हैं । इन्हें रामायण महाभारत और पुराणों में आगे बहुत विस्तार मिलता है । ऋग्वेद के इन्द्र की वीरता और योद्धा की भूमिका परवर्ती पुराण साहित्य में देवासुर संग्राम का मुख्य आधार बनती है ।

ऋग्वेद के ऋषि जीवन के रहस्यों पर विचार करते हुए बहुत गहन और गंभीर हो जाते हैं । ऐसे अवसर पर उन्होंने जिन प्रतीकों और जिस भाषा का उपयोग किया है वह कभी कभी अविज्ञेय हो जाती है । चौथे मंडल के ९८ सूक्त में संसार के बनाने वाले को चार सींगो वाला बताया गया है । ऋषि के अनुसार इस 'महादेव के ४ सींग, तीन पांव, दो सिर और सात हाथ हैं । यह तीन स्थानों पर बंधा हुआ है तथा बहुत उंची आवाज में बोलता है।' नासदीय, पुरुष, विश्वकर्मा और हिरण्यगर्भ सूक्त इन समस्याओं पर गहराई से विचार करते हैं । नासदीय सूक्त (१०/१२९) में वैदिक ऋषि अद्भुत सरलता से यह टिप्पणी तक कर देता है कि संसार को बनाने वाले इसके परमाध्यक्ष को जरूर पता होगा कि यह संसार कैसे बना । किन्तु अंततः वह जैसे स्वयं से पूछ लेता है 'यदि उसे भी पता नहीं है तो !' इसका एक अर्थ निश्चित रूप से यह भी है कि ईश्वर अनुमान का विषय नहीं है तथा मनुष्य अपनी ससीमता में उस असीम को पकड़ नहीं सकता ।

ऋग्वेद के आधार पर अनेकों भौगोलिक और ऐतिहासिक तथ्य संकलित किए गए हैं । यह ग्रन्थ प्रागैतिहासिक काल के लोगों के सामाजिक जीवन का बहुत प्रामाणिक दस्तावेज है । इसमें उस समय की सामाजिक रीतियां कर्मकाण्ड, उत्सव, आभूषण, वस्त्र, भोजन सामग्री, विवाह, यात्रा, पशु, युद्ध, पूजा, खेल, मनोरंजन, संगीत, नृत्य और कृषि आदि प्रचुर सामग्री हैं । इसके बाद भी यह महाकविता अंततः एक ऐसा सेतु है जो इस संसार को उस दूसरे और अज्ञात महान लोक से जोड़ने का काम करती है ।

३
ऋग्वेद के विषय

ऋग्वेद ऋचाओं के विविध समूह-सूक्तों का संग्रह है । इन ऋचाओं अथवा मंत्रों के माध्यम से वैदिक ऋषि प्राचीन काल में देवताओं से संपर्करत हुआ करते थे । वस्तुतः इसे संग्रह या संकलन कहना भी सही नहीं है क्योंकि सत्य के अन्वेषण में लगे इन वैदिक ऋषियों को ध्यान अथवा समाधि की अवस्था में जो अनुभव अथवा सत्य का साक्षात्कार हुआ, वही इन मंत्रों और सूक्तों की विषयवस्तु है । यद्यपि प्रत्येक मंत्र का एक पृथक द्रष्टा ऋषि है, किन्तु समग्रतः वेद भारतीय मनीषा का सामूहिक अनुष्ठान है । ऋग्वेद के कुछ महत्वपूर्ण विषयों के संबंध में नीचे विवेचना की जा रही है -

संबोधन

वेदों को पढ़ते हुए सबसे पहला प्रभाव उन देवताओं की स्थिति और अस्तित्व का पड़ता है जिन्हें वैदिक ऋषि अपनी सहायता के लिए निरंतर संबोधित करते है । एक अर्थ में यह वैदिक ऋषियों का अहोभाव ही है क्योंकि वे इस तथ्य से आश्वस्त हैं कि देवता उनकी सहायता करने में तत्पर और सदा समर्थ हैं । चाहे वे किन्हीं प्राकृतिक शक्तियों का प्रतिनिधित्व करते हों अथवा वे किसी विराट परमेश्वर के नाना रूप या नाम के प्रतीक हों, उनका मनुष्यों से एक विशेष संबंध बनता है । इस प्रकार एक दूसरे के समन्वय से संसार को और अधिक समृद्ध एवं सार्थक बनाया जा सकता है ।

सामान्यतया देवताओं को यज्ञादि कार्यों में आहुतियां ग्रहण करने अथवा सोमरस पान करने के लिए बुलाया जाता है । इन देवताओं के उद्‌भव की भी अलग अलग कथाएं हैं तथा उसके कारण और समय में प्रायः अंतर है । ऋग्वेद में पुराने ऋषि और पुराने देवताओं का भी संदर्भ आता है । इनमें से कुछ सोमरस पान के द्वारा अमृतत्व भी प्राप्त कर लेते हैं । मनुष्य देवताओं को यज्ञ के द्वारा वह सभी भोज्य और प्रिय सामग्री अर्पित करते हैं जो उनके अपने उपयोग में आती है । देवताओं को आहुतियां ले जाने का कार्य अग्नि करता है । कभी कभी देवता स्वयं भी अपने साधन जैसे - विमान अथवा रथ में बैठकर आहुतियां ग्रहण करने के लिए यज्ञ भूमि में आते हैं । सोमरस इन सबका अत्यंत प्रिय पदार्थ है । स्वर्ग में भी वे इसका पान करते हैं । इससे उनकी शक्ति में अभिवृद्धि होती है तथा वे इसके द्वारा आनंद का अनुभव

करते हैं । संसार में मनुष्य का सुख इन देवताओं की सहायता से काफी बढ़ सकता है । वे मनुष्यों को संतति, धन, धान्य, गाय, घोड़े, सेवक, विजय, प्रसिद्धि और शत्रुनाश में सहायता करते हैं । पुराणों की तुलना में वेदों के देवता भौतिक दृष्टि से विकसित स्वरूप वाले नहीं हैं । उनके व्यक्तित्व की यह अस्पष्टता जुड़वां देवता जैसे - मित्रा-वरुण, द्यावा-पृथ्वी और अश्विनी-कुमार आदि के वर्णन से और अधिक दुरूह हो जातीं हैं । कभी कभी एक देवता अनेक देवता और कभी कभी अनेक देवता एक बन जाते हैं । इससे अंततः वेदों में बहुदेववाद के स्थान पर एकेश्वरवाद की प्रधानता दृष्टिगोचर होती है जो कि भारतीय वेदांत दर्शन का मुख्य आधार है । अमूर्त देवताओं में प्रजापति, विश्वकर्मा और हिरण्यगर्भ आदि इसी विचारधारा का प्रतिनिधित्व करते हैं ।

एक-दो स्थानों पर देवताओं को वृद्ध, युवा और शिशु बताया गया है किन्तु यह भी कहा गया है कि कोई भी देवता न तो बूढ़ा है और न ही जवान तथा वे सभी महान हैं । संबोधनों के क्रम में इन्द्र तथा वरुण को जो क्रमशः वीर और न्यायप्रिय देवता हैं, को सबसे अधिक संबोधन सूक्त समर्पित हैं ।

जहां तक परमेश्वर का संबंध है वह ऋग्वेद के अनुसार केवल एक सिद्धांत अथवा विचार न होकर मनुष्य की पूर्णता का आदर्श है । यहां ईश्वर कोई अचल और स्थिर तत्व न होकर चैतन्य और पूरी तरह से क्रियाशील है । ''संसार की समग्र आभा ईश्वर की आभा है । प्रकृति की संपूर्ण शक्ति के पीछे ईश्वर की शक्ति है । वह प्रकाश को भी प्रकाशित करता है, भय को भी भयभीत करता है तथा सारी मधुरता का स्रोत वह मधुरता स्वयं है।''(स्वामी सत्यप्रकाश सरस्वती की भूमिका पंडित सत्यकाम विद्यालंकार की 'दी होली वेदाज' से)

प्रार्थना

ऋग्वेद में मानवीय विकास के लिए आवश्यक सभी अभीप्साओं की अभिव्यक्ति विद्यमान है । मनुष्य में विकास की अजेय और अदम्य इच्छा के बाद भी कभी कभी उसे लगता है कि उसकी अपनी शक्ति न्यून ही है । ऐसे अवसर पर उसे बाह्य सहायता की आवश्यकता प्रतीत होती है । देवताओं की प्रार्थना इसी संदर्भ में महत्वपूर्ण हो जाती है । उनकी सामर्थ्य, शक्ति और सहायता करने की प्रकृति मनुष्य की आराधना के लिए उन्हें उपयुक्त भूमिका प्रदान करती है । इन देवताओं से मनुष्य का संवाद कायम करने के लिए भाषा के स्थान पर भाव तथा बुद्धि के स्थान पर हृदय की प्रधानता आवश्यक है । ये दोनों तत्व प्रार्थना में बड़े सहायक हैं । ऋग्वेद ऐसी प्रार्थनाओं से भरा हुआ है । इसीलिए कभी कभी ऋग्वेद को एक प्रार्थना ग्रन्थ भी कह दिया जाता है । किन्तु वेदों की प्रार्थना कोई धार्मिक भजन या कीर्तन नहीं है । यह वैदिक ऋषियों का अलौकिक शक्तियों से संपन्न वह संवाद है, जो मनुष्य को उसकी विकास की यात्रा में आज तक सहायक है । यह अवश्य है कि वेदों में नैतिकता को बहुत महत्व दिया गया है । वेद में नैतिकता के रूप जैसे - सत्य, क्रिया, शुद्धता, प्रेम, आनंद आदि सभी रूपाकार हो उठते हैं । ईश्वर में ये समस्त गुण इनकी परिपूर्णता में विद्यमान हैं । अतः मनुष्य भी इन गुणों का अनुगमन करना चाहता है । प्रार्थना इसका बहुत सही माध्यम है । वैदिक ऋषियों द्वारा परिपजित प्रायः सभी देवताओं के गुण इसी प्रकार के हैं । इनमें परस्पर न केवल सम्बद्धता है,

बल्कि एक दूसरे के प्रति ऐसी अनन्यता है कि आत्म साक्षात्कार के धरातल पर वे एकाकार हो उठते हैं । मंडल ५ के सूक्त ३ के मंत्र एक में अग्नि को 'जन्म से वरुण, जागरण में मित्र तथा होता के लिए इन्द्र बताया गया है ।' मंडल एक के एक सौ चौंसठवें सूक्त के ४६ वें मंत्र में घोषणा की गई है -"वे उसे इन्द्र, मित्र, वरुण, अग्नि और उत्तम पंखों वाला गरुड़ कहते हैं । वह एक ही है जिसे विद्वान अनेक जैसे अग्नि, यम और मातरिश्वा नाम दे देते हैं ।" इसी प्रकार मंडल एक के ८९ वें सूक्त के मंत्र १० में अदिति के संबंध में कहा गया है -"अदिति स्वर्ग है, अदिति अंतरिक्ष है, अदिति माता है, पिता है और पुत्र है । अदिति सभी देवता हैं और पंच जन भी है । जो हुआ है और जो आगे होगा वह सब कुछ अदिति ही है ।"

ऋग्वेद में देवताओं की स्तुति के आरंभ में ऋषि प्राकृतिक शक्तियों को मानवीकृत करते हुए उनकी आराधना से आरंभ करता है, किन्तु इनका समापन प्रायः ऐकेश्वर के रूप में ही होता है । ये सूक्त देवताओं के आह्वान के पश्चात् एक अनुरोध और प्रार्थना में समाप्त होते हैं । ऋग्वेद मंडल एक का पहला ही सूक्त अग्नि से प्रार्थना करता है कि - "हमारे लिए अग्नि, तुम उतने ही सुगम बनो जितना एक पिता पुत्र के लिए होता है ।" सूर्य से प्रार्थना करते हुए वैदिक ऋषि का अनुरोध है कि - "हे देवताओ सूर्य के उदित होने पर हमें बाधाओं और अपयश से बचाना । वरुण, मित्र, अदिति, सिंधु, पृथिवी और स्वर्ग हमारी इस प्रार्थना को सुनें।"

वैदिक प्रार्थना एक व्यक्ति की निजी भौतिक इच्छाओं की पूर्ति का माध्यम नहीं है । इनमें उच्च कोटि की सामाजिक चेतना भी विद्यमान है । मंडल एक के नवासी और नब्बेवें सूक्त में वैदिक ऋषि देवताओं से सामूहिक कल्याण की प्रार्थना करता है -

'देवताओं कान से हम सुनें
शुभ कल्याणकर
आंख से हम लखें शुभ
सुर-पूज्य
अंग दृढ़ हों प्रार्थना रत रह सदा
जिससे
हम करें सम्पूर्ण
अपनी आयु के शत-वर्ष ।"

मानवीकरण

वर्षा, बिजली, हवा, पानी, सूर्य, पृथ्वी, आकाश, उषा, नदियां, धन, बुद्धि आदि सभी प्राकृतिक शक्तियां ऋग्वेद में मानवीकृत की गई हैं । किन्तु वस्तुतः वे मनुष्य न होकर देवता हैं । उनके रूप में कुछ मनुष्यों की समानता मिल सकती है किन्तु वे अधिक से अधिक मनुष्य के प्रतिदर्श हैं । उनके भौतिक अंग प्रत्यंग उनकी शक्ति का संकेत देते हैं । इनमें उनके मुख, आकृति, आंख, बाल, कंधों, छाती, पेट, हाथों, उंगलियों आदि का वर्णन मिलता है । उदाहरण

के तौर पर इन्द्र और मरुद्गण के सिर, वक्षस्थल तथा हाथों का उल्लेख हुआ है । इन्द्र को सामान्यतया वज्रबाहु और वज्रहस्त कहा गया है । सूर्य की किरणें सूर्य की भुजायें हैं तथा उसका भौतिक आकार ही उसकी आंख है । अग्नि की ज्वाला उसकी जीभ है । इन्द्र के उदर के संबंध में भी विशेष उल्लेख मिलता है क्योंकि इन्द्र के सोमरस के आदी होने के कारण उसका पेट बढ़ा हुआ है ।

कुछ देवताओं के आभूषण और वेश की भी चर्चा की गई है । उषा सुंदर और आकर्षक परिधान पहनती है । देवता अपने शरीर और शिर पर कवच एवं शिरस्त्राण धारण करते हैं तथा वे चमकते हुए घोड़ों के रथ में चलते हैं । उषा का रथ बकरियों और मरुद्गण का रथ हिरणों से खींचा जाता है ।

ये देवता सोमरस के बड़े शौकीन हैं । वे यज्ञ में आहुतियां प्राप्त करने के लिए आते हैं । यद्यपि वे स्वर्ग में बड़े आराम से रहते हैं किन्तु मनुष्यों की सहायता के लिए पृथ्वी पर भी आ जाते हैं । इन्द्र और अग्नि देवता जल, वायु आदि को नियंत्रित करते हैं । जब वर्षा के अभाव के कारण सूखे की स्थिति उत्पन्न होती है तो इन्द्र की ही प्रार्थना की जाती है ।

काव्य

ऋग्वेद में उत्तम कविता के सभी तत्व विद्यमान हैं । इसकी कविता गहन समाधि में देवों के प्रति प्रकट अहोभाव में लिखी गई है । ऋषियों का छंद के माध्यम से देवताओं से पूर्ण तादात्मीकरण काव्य तत्व की ऐसी परिपूर्णता है जो बहुत उत्कृष्ट कविता में ही देखी जाती है । इसकी कविता कभी कभी 'वेग पूर्ण भावों का आवेग' प्रकट करती प्रतीत होती है किन्तु इसे प्रायः 'एकाग्रता के क्षणों में बहुत विचारपूर्वक' ही लिखा गया है । इसकी कुछ कविताओं को नाटक तथा पहेलियों की श्रेणी में बांटा जा सकता है । जब वैदिक ऋषि प्रकृति की शक्तियों का मानवीकरण करते हुए कविता लिखता है तो वह प्रकृति और मानव की एकतानता के दुहरे सौंदर्य बोध में निखर उठती है । ऐसी कविता में बिम्बों की प्रधानता है । उषा संबंधी वैदिक सूक्त विश्व की श्रेष्ठतम कविता से तुलना किये जाने योग्य हैं । मंडल सात के सूक्त ७६ के मंत्र ३ में उषा को सूर्य की ग्रहणी के स्थान पर 'जार' प्रेमिका बताया गया है क्योंकि वह सदा-सदा से सूर्य के आने की केवल प्रतीक्षा ही किए जा रही है । इसी प्रकार इन्द्र, मरुत और पर्जन्य संबंधी सूक्तों में प्रभावी चित्रात्मकता है । पर्जन्य के द्वारा वर्षा कार्य के प्रभाव का वर्णन करते हुए ऋषि कहता है कि -

" खोल दो जल कोष अपना
वह बृहत्
अब भूमि पर
बहें नदियां प्रचुर जल पूरित
धरती करो गीली
अघायें धेनु
समुचित पियें जल ।" (५.८३.८)

मंडल १० का चौंतीसवां अक्ष सूक्त एक जुआरी के पश्चाताप की कहानी को हास्य कविता में ढालता है । इसी तरह इसी मंडल के १८वें सूक्त में करुण रस का बड़ा प्रभावी चित्रण हुआ है । जब एक प्रिय पुरुष संसार से विदा ले रहा हो तो उसकी पत्नी को संबोधित करते हुए यही कहा जा सकता है - "उठो देवी, अब होश में आ जाओ जिसके लिए तुम विलाप कर रही हो वह निर्जीव हो गया है । अपने पति के साथ तुम्हारा बीता जीवन तुम्हारा भाग्य था । अब वह तुमसे पृथक हो गया है । वह जिसने तुम्हें अब तक सहारा दिया अब तुम्हारे साथ नहीं चल सकेगा ।" (१०.१८.८)

ऋग्वेद उच्च कोटि की प्रतीक कविता है । प्रतीक के माध्यम से ही ऐसे अनुभवों को अभिव्यक्त किया जा सकता है जो सामान्यतः शब्दों में नहीं बांधे जा पाते । इस कविता में दृश्य और श्रव्य दोनों प्रकार की छटा है । ऋग्वेद में चारों प्रकार के प्रतीक उपलब्ध हैं । प्रथमतः अग्नि, इन्द्र, सरस्वती, सरमा, और महि आदि देवता विशेष दैवी शक्तियों का प्रतिनिधित्व करते हैं । वृत्र, वल और शुष्ण आदि राक्षसी शक्तियां हैं । तीसरी श्रेणी गाय, अश्व, नदी आदि सामान्य संज्ञाओं की है तथा चौथी श्रेणी के अंतर्गत ऐसे द्रष्टा ऋषियों के नाम लिये जा सकते हैं जैसे - कण्व और कुत्स आदि । श्री अरविंद के दर्शन में इन वैदिक प्रतीकों पर बौद्धिक स्तर से गहन विचार किया गया है । इस दृष्टिको ा से इस कविता को अभिनव दार्शनिक आयाम प्राप्त होता है ।

नाटकीय संवाद

सरमा -पणि (१०.१०८), यम-यमी (१०.१०) विश्वामित्र-नदियां (३.३३) तथा उर्वशी-पुरूरवा (१०.९५) ऋग्वेद की नाट्य कविता के श्रेष्ठ नमूने हैं । सरमा-पणि सूक्त इन्द्र की संदेशवाहिका सरमा और पणियों के बीच का संवाद है । पणियों ने देव गुरु बृहस्पति की गायों का अपहरण कर लिया था जिनकी खोज के लिए इन्द्र ने सरमा को अपनी दूती बनाकर भेजा । इनका संवाद ऋग्वेद की परिचित शैली ऋषि और देवता के रूप में होता है । जो संबोधन करता है, उसकी भूमिका ऋषि की तथा जिसको संबोधित किया जाता है उसकी भूमिका देवता की हो जाती है । पणि सरमा को धन और संबंधों का प्रलोभन देकर उसे अपने पक्ष में तोड़ना चाहते हैं । इसका उत्तर देते हुए सरमा कहती है -

"कठिन है समझना मुझे
पणियो अब इस अवसर
कथा यह तुम्हारी गढ़ी स्वजनों की
इन्द्र या अंगिरस कठोर
शायद समझते हों
आच्छादित कर देंगे वे धरती
अपने तीरों से
अतः भागना है श्रेयस्कर तुम्हें
निश्चित मानो पणियो ।"

मंडल ३ के सूक्त ३३ में विश्वामित्र और विपाशा (व्यास) तथा शतुद्री (सतलज) के बीच संवाद हुआ है । भाष्यकार सायण के अनुसार राजा सुदास के पुरोहित विश्वामित्र दक्षिण से काफी दक्षिणा सामग्री लेकर इन नदियों के किनारे पर आ खड़े थे । वे इन नदियों से मार्ग प्राप्त करने के लिए उनकी बड़ी प्रशंसा कर रहे थे । नदियां शुरू में इस बात के लिए तैयार नहीं हैं क्योंकि उनका काम ही वेगपूर्वक बहना है किन्तु ऋषि की प्रार्थना से प्रभावित होकर वे निम्न शब्दों में उन्हें मार्ग प्रदान करती हैं -

''कभी विस्मृत नहीं हो संवाद अपना
प्रार्थनामय
यह अमर आलेख
भावी युग शिला पर
कभी भी न हो अनादर
हमारा जग में
नमन स्वीकारो
सुहृद-शिल्पी ऋचाओं के ।'' (३.३३.१०)

मंडल १० का सूक्त ५५ पुरूरवा और उर्वशी के वियोग की करुण कविता है । इस कथानक को आगे जाकर शतपथ ब्राह्मण, महाभारत और कालिदास के विक्रमोर्वशीयम् में बहुत विस्तार मिलता है । इस कविता का भाव तत्व तब अपने शीर्ष पर पहुंच जाता है जब उर्वशी द्वारा छोड़कर जाने के प्रसंग में पुरूरवा वन में रहते हुए भी वन्य पशुओं का आहार बन जाना चाहता है । पुरूरवा के इस विलाप पर दूसरे लोक की सुंदरी उर्वशी भी कम द्रवित नहीं है तथा वह न केवल स्वयं को बल्कि संपूर्ण नारी जाति को प्रताड़ित करने से नहीं चूकती-

''मत गिरो, तुम मत मरो,
वन पशु, अमंगल
तुम्हें न खायें,
तुम्हारा नाश न हो
दीर्घजीवी नहीं मैत्री नारियों की
क्रूर हृदया वे सहज
इन वन्य पशुओं की तरह ।''

मंडल १० के सूक्त १० में यम यमी का संवाद भी नाट्य कविता का अच्छा उदाहरण है । इसमें कविता के साथ साथ नैतिकता का भी पुट है । यह सूक्त विंटरनिट्स की उस आलोचना का जवाब है जिसमें इस लेखक का यह कहना था कि ''ऋग्वेद में नैतिकता छोड़कर सभी कुछ है ।'' इस कविता में सकारात्मक और नकारात्मक दोनों ही प्रयोग मिलते हैं । इसमें यम यमी के प्रेम संबंधी प्रस्ताव को दृढ़तापूर्वक अस्वीकार करता है ।

दर्शन

प्राचीन भारतीय ऋषि प्रकृति, प्राकृतिक शक्तियों, ईश्वर और ईश्वर की संरचना–संसार से भरपूर प्रेरणा लेते थे। उनके दर्शन, अध्यवसाय और गहन चिंतन ने उन्हें द्रश्य संसार से परे एक सार्वभौम शक्ति के अस्तित्व के प्रति आश्वस्त किया था। मंडल १० के नासदीय सूक्त के मंत्र सात में उन्होंने अपना विश्वास व्यक्त किया है कि - "जो इस संसार को नियंत्रित करता है तथा परमाकाश में स्थित है इसे वही जानता है।"

ऋग्वेद संसार के सभी दर्शनों का आदिकोश कहा जा सकता है। इसके द्रष्टा ऋषि संसार के स्रष्टा, सूर्य से परे सूर्य के प्रकाशक तेज तथा अग्नि से परे अग्नि की दाहकता के मूल स्रोत तक पहुंचने की चेष्टा करते थे।

पुरुष सूक्त (१०.९०) विकासवाद के सिद्धांत का पहला अभिकथन है। इसके छठे मंत्र का निम्नानुसार अनुवाद हमें डार्विन के विकासवाद के कितने निकट नहीं पहुंचा देता!

"गतिशील संसार के अस्तित्व में आते ही आदि-भूत पदार्थ आदि-चेतना बन गया तथा इस प्रकार पदार्थ में परमाणुओं की गति पैदा हुई। इस ब्रह्माण्डीय महायज्ञ में जीवन के वे सभी तत्व उत्पन्न हुए जो वनस्पति, फल, अनाज, पुष्प और औषधियों के मूल थे तथा जो मनुष्य की ऊर्जा का कारक बने। संसार में जीवन चेतना का प्रवाह इसी तरह से संभव हुआ।"

ऋग्वेद के ऋषि के लिए मनुष्य परमेश्वर का ही प्रतिदर्श है। पुरुष सूक्त का सीधा सा अर्थ यही है। मनुष्य के दर्पण में ही ब्रह्माण्डीय प्रतिबिंब देखा जा सकता है। दूसरे शब्दों में मनुष्य का मस्तिष्क ब्रह्माण्डीय चेतना से भी संपर्क रखने में समर्थ है। इसे ही भारतीय मनीषा ने इन शब्दों 'जो अंड है वही ब्रह्माण्ड है' में व्यक्त किया गया है।

ईश्वर और मनुष्य में इसके बावजूद भी जो अंतर बचता है वह यही है कि ईश्वर का देवत्व उससे सदा अभिन्न है जबकि मनुष्य के देवत्व के बीच में एक आवरण खड़ा हो गया है। अपने विकास की यात्रा में मनुष्य को इस आवरण को हटाना भर ही शेष रहता है।

ऋग्वेद के अनुसार मानव जीवन का उद्देश्य अमरता अथवा पूर्णता प्राप्त कर लेना है। अमरता का आशय केवल मृत्यु से ही मुक्ति नहीं है। भौतिक शरीर का विनाश एक अनिवार्यता है। यह अमरता एक सीमा तक सृष्टि की निरंतरता और मनुष्य की जिजीविषा में प्रकट देखी जा सकती है।

विज्ञान

ऋग्वेद के ऋषि आध्यात्म और विज्ञान, भौतिक शास्त्र और वनस्पति तथा अच्छाई और बुराई जैसे भेद नहीं किया करते थे। वे सत्य को प्रत्येक कोण से देखना चाहते थे। यही कारण है कि उनके दर्शन में विज्ञान की पूरी चेष्टा है। यह जरूर है कि वर्तमान समय में अध्ययन-अध्यापन की सुविधा के लिए ये भेद महत्वपूर्ण हो गए हैं। जैसे आज वनस्पति शास्त्र भौतिक शास्त्र नहीं हो सकता ठीक वैसे ही जैसे सुनना देखना नहीं होता। इस सुविधा के अध्ययन के लिए नीचे विज्ञान विषय के कुछ विवरण दिए जा रहे हैं।

(अ) *चिकित्सा विज्ञान*

ऋग्वेद में एक्यूपंक्चर, एक्यूप्रेशर, प्राकृतिक चिकित्सा तथा होम्योपैथी आदि सभी विधाओं के मूल तत्व विद्यमान हैं। ऋग्वेद में कुछ बीमारियों, उनकी चिकित्सा और तत्संबंधी औषधियों के मंत्र मिलते हैं। जल चिकित्सा का भी इसमें विवरण दिया गया है। अश्विनी कुमार देवताओं के अद्‌भुत चिकित्सक हैं। दसवें मंडल के ८५वें सूक्त में जहां सूर्या विवाह का उल्लेख है वहां वैदिक ऋषि यक्ष्मा रोग का उल्लेख किए बिना नहीं चूकता -

"वधू अथवा वधू के संबंधियों से
व्याधियां वर को मिली जो यक्ष्मा आदिक
देवता यज्ञादिपति ले जाएं उनको वहां
आई जहां से हों वे मूलतः !"

मण्डल एक सूक्त ११७ में अश्विनी कुमार द्वारा वृद्ध को युवा बना देने, अंधे को दृष्टि देने तथा विश्पला को नकली टांग लगा देने की शल्य क्रिया के अद्‌भुद उदाहरण प्राप्त होते हैं।

(ब) *भूगोल*

ऋग्वेद में समद्र, नदियों और पर्वतों के इतिहास तथा भूगोल की सत्यता पर आधारित विवरण प्राप्त होते हैं। इसमें सतलज और व्यास नदियों का वर्णन किया गया है। सप्त सैंधव जैसे - सिंधु, वितस्ता, परुषणी, विपाशा, शतुद्री, असकनी और सरस्वती आदि के नामों का उल्लेख है। पर्वतों में मुंजवन पर्वत का विशेष रूप से वर्णन मिलता है जिसमें सोमरस से संबंधित औषधि विद्यमान थी।

(स) *ज्योतिष और खगोल विद्या*

वैदिक युगीन आर्य नक्षत्रों और ग्रहों की गति से परिचित थे। ऋग्वेद मंडल एक के सूक्त ३५ में सूर्योदय और चन्द्रमा तथा पृथ्वी की गतियों का वर्णन किया गया है। दशम मंडल के १४९ वें सूक्त में पृथ्वी की गति और स्थिति का विवरण मिलता है। इसमें ऐसे संकेत हैं कि पृथ्वी अपनी धुरी पर सूर्य के गुरुत्वाकर्षण के कारण स्थिर रह सूर्य की परिक्रमा करती है। सूर्य के रथ के ७ घोड़े प्रकाश के सात रंगों के द्योतक हैं। इसमें ऋतुओं और राशियों के उल्लेख भी हैं। इसके अतिरिक्त सूर्य के उत्तरायण तथा दक्षिणायन होने एवं सूर्य ग्रहण का भी उल्लेख हुआ है।

(द) *नौकाएं और जहाज*

आर्य सभ्यता काल में नौकाओं और वायुयानों का विपुलता से उल्लेख है। प्रथम मंडल के ११६ वें सूक्त के ५ वें मंत्र में ऐसी नौका का उल्लेख है जिसमें १०० पतवार हैं। दूसरे मंडल के ३४ वें सूक्त के दूसरे मंडल में अश्विनी कुमार के ऐसे वायुयान का विवरण है जिसके तीन पहिये थे।

यज्ञ

वैदिक युगीन विश्वास के अनुसार मनुष्य की कार्यक्षमता देवताओं की सहायता पर बहुत कुछ निर्भर करती है। यहां तक कि वैदिक ऋचायें भी देवताओं की कृपा से द्रष्टा ऋषियों को उपलब्ध होती हैं। यज्ञ, देवताओं और मनुष्य के बीच संबंध का सशक्त हेतु और सेतु दोनों है। गीता में भी इसी तत्व पर जोर देते हुए कहा गया है कि यज्ञ तप, ज्ञान, स्वाध्याय आदि सभी क्षेत्रों में महत्वपूर्ण हैं। भारत के दर्शन का केन्द्रीय तत्व यज्ञ की इसी अवधारणा में समाहित है कि जन्म से लेकर मृत्यु पर्यन्त मनुष्य यज्ञाचरण ही कर रहा होता है।

पुरुष सूक्त में यज्ञ के माध्यम से ही सृष्टि संरचना और विकास की परिकल्पना की गई है। चारों वेदों के प्रधान पुरोहित ऋषि जैसे ऋग्वेद के होता, यजुर्वेद के अध्वर्यु, सामवेद के उद्‌गाता तथा अथर्ववेद के ब्रह्मा यज्ञ के कर्मकांड की विभिन्न अवस्थाओं का प्रतिनिधित्व करते हैं। यजुर्वेद के मुख्य अध्वर्यु का यज्ञ की क्रिया से सीधा संबंध है। यज्ञ देवताओं और मनुष्यों के सनातन संघर्ष की भी कथा कहता है। यज्ञ द्वारा ही देवताओं को प्रसन्न किया जाकर उन्हें दानवों से संघर्ष के लिए प्रोत्साहित और शक्ति संवित किया जाता है। भौतिक रूप से यज्ञ की क्रिया में अग्नि में आहुतियां डाली जाती हैं किन्तु मानसिक धरातल पर इस क्रिया में त्याग की परमोच्च अवस्था प्रतिबिंबित होती है। यज्ञ में होता देवताओं का आह्वान करता है। अध्वर्यु विभिन्न कर्मकाण्डों के लिए पथ प्रशस्त करता है तथा उद्‌गाता उपयुक्त छंदों में मंत्रों का अनुगायन करता है। ब्रह्मा इन समस्त क्रियाओं में पर्यवेक्षकीय दायित्व निभाता है। ये सभी पुरोहित क्रमानुसार चारों वेदों के समन्वित स्वरूप और लक्ष्य को भी प्रकट करते हैं जो यज्ञ की क्रिया में केन्द्रित हैं।

समाज

पुरुष सूक्त में तत्कालीन भारतीय समाज के चार वर्ण ब्राह्मण, क्षत्रिय, वैश्य और शूद्रों का उल्लेख हुआ है। वस्तुतः वे एक संपूर्ण शरीर के भिन्न भिन्न अवयव जैसे ही हैं। जीवन-धारा को भी चार आश्रमों में बांटा गया था जैसे - ब्रह्मचर्य, गृहस्थ, वानप्रस्थ और संन्यास। विवाह एक महत्वपूर्ण संस्कार होता था तथा परिवार का यह मुख्य आधार केन्द्र भी था। वैदिक समाज में वधू नये परिवार में विशिष्ट स्थान रखती थी -

> ''ससुर की स्वामिनी बनो तुम।
>
> अधीश्वरी देवरों की
>
> ननद की रानी
>
> महारानी रहो सासू की तुम बनकर।'' १०.८५.४६

ऋग्वेद में अनेक देवियां और ऋषिकाएं भी हैं। देवियों में उल्लेखनीय हैं -उषा, सूर्या वाक् और पृथ्वी तथा ऋषिकाओं में घोषा, सूर्या और बागम्भृणी आदि। उस समाज में चोरों, सेवकों और सिपाहियों के भी उल्लेख हैं। वैदिक समाज के भोजन में दूध, मक्खन, घी, चावल और खाद्यान्न का वर्णन है। इस पर विवाद नहीं है कि कुछ लोग मांसाहारी भी थे किन्तु पशुवलि

की स्थिति पर अवश्य विवाद है। उनके पेय पदार्थों में सोमरस का महत्वपूर्ण स्थान हैं। यह स्पष्ट नहीं है कि यह पेय नशा उत्पन्न करता था अथवा यह केवल स्वास्थ्यवर्धक ही होता था।

उस समय के लोग सूत और ऊन दोनों तरह के कपड़े पहनते थे। मृगचर्म धारण करने का भी उल्लेख मिलता है। वे उत्तरीय और अधोवस्त्र धारण करते थे। स्त्रियां आभूषणप्रिय थीं। वे अपने बालों को भी आकर्षक रीति से सजाती थीं। संगीत, नृत्य और सामाजिक क्रियाएं जैसे घुड़सवारी, जुआ आदि सबका स्थान था। कृषि, दुग्ध उत्पादन, खनिज और व्यापार आदि का कार्य होता था तथा जल और सड़क मार्ग से यात्राएं की जाती थीं।

राष्ट्रीयता

वैदिक काल में राष्ट्र और राष्ट्रीयता का तत्व परिपूर्णता से विद्यमान था। ऋग्वेद के पांचवें मंडल के ६६वें सूक्त के ६वें मंत्र में राष्ट्रीय सीमा की सुरक्षा पर जोर दिया गया है। मंडल ३ के सूक्त ३३ में विश्वामित्र और नदियों के संवाद के समय भरतवंशियों का उल्लेख हुआ है। स्वयं नदियों को पार करते हुए विश्वामित्र का आग्रह है कि उनकी तरह अन्य भरतवंशियों का भी वे नदियां पथ प्रशस्त करें तथा उनके जल से बनने वाली नहरें भूमि का परिसिंचन कर उसे उर्वरा बनायें।

राष्ट्र और राष्ट्रीयता का यह दर्शन यजुर्वेद तथा अथर्ववेद में आगे जाकर और अधिक विकसित हुआ है। यजुर्वेद के अध्याय ९ के मंत्र २२ से २५ तथा अथर्ववेद के काण्ड १२ के अध्याय एक में पृथ्वी की मातृभूमि के रूप में अदभुद प्रार्थना है। ऐसा लगता है कि वैदिक ऋषियों के लिए संपूर्ण पृथ्वी ही न केवल उनका राष्ट्र थी बल्कि उनकी अपने कुटुम्ब का प्रतिरूप थी। पृथ्वी सूक्त में इस दर्शन को विश्व मानवता के एक संदेश के रूप में ग्रहण किया जा सकता है -

"विविध धरमी
विविध-भाषा
विविध-भूतल, मानवों का
एक तुम ही घर अटल,
हो गाय कपिला
सरल सीधी
हमारे हित सहसधारा दुग्ध, धन की
बनो पृथिवी !"

मानवता

सनातन और सार्वभौम मानवीय मूल्यों की अदभुद् धरोहर के रूप में वेद एक विश्व-संपदा है। वेद का धर्म कोई पंथ अथवा संप्रदाय न होकर नैतिकता और परमादर्श है। वह सामाजिक जीवन की मर्यादा है। इसमें श्रद्धा, तप, दया, दान, शांति आदि गुणों पर जोर

दिया गया है। ऋग्वेद मंडल १ के सूक्त १८९ में वैदिक ऋषि प्रार्थना करता है कि अच्छे और शुभ विचार बिना किसी बाधा के उसके पास सभी दिशाओं से आयें-

'श्रेष्ठ, हिंसा रहित, अपराजेय
ऊर्ध्वगामी कर्म
आयें निकट
हम सबके
दिशाओं से सभी।'

मंडल १० के १९१वें संज्ञान सूक्त में समन्वय, सामंजस्य और समरसता का अनूठा आदर्श प्रस्तुत किया गया है -

'साथ मिलकार चलें
हम सब एक स्वर बोलें
मिलें मन सभी के
हो ज्ञान पूरित
पूर्व में जैसे कि मिलकर देवता
सब भाग अपना गृहण कर
परिपूर्णता को प्राप्त करते थे
मंत्र सबका एक हो
हो प्राप्ति भी समरूप
चित्त, मन सब एक जैसे हों
एक ही वह मंत्र देता हूं
होम जिससे यज्ञ में कर्तव्य है सबका
तुम्हारा हो वही संकल्प
हों उर तुम्हारे एक
तुम्हारे मन परस्पर मिलें
संगठन जिससे सफल, शोभित
हो पूर्ण मानव का।'

४

मिथक और आख्यान

ऋग्वेद में ऐसी मिथक कथाओं के अनेकानेक सूत्र विद्यमान हैं जिनका विस्तार आगे जाकर पौराणिक आख्यानों में प्रचुरता से मिलता है । कुछ स्थानों पर केवल किसी पात्र अथवा घटना के नामों का ही उल्लेख हुआ है तथा कुछ आख्यानों में कथा विस्तार के सभी सूत्र पिरोये गये हैं । कुछ आख्यानों को कथानकों के निष्कर्ष की सीमा तक नहीं पहुंचाया गया है किन्तु ऐसा अवश्य प्रतीत होता है कि इनका आदि और अंत वैदिक ऋषि ने मात्र कल्पना पर न छोड़कर उसके यथेष्ट संकेत दे दिये हैं । इनके गहन अध्ययन से यह अनुमान भी लगाया जा सकता है कि बहुत सी कथाओं को संभवतः पूर्व में ही विस्तार मिल चुका होगा । इनके संक्षिप्त विवरण नीचे दिये जा रहें हैं ।

सरमा और पणि

पुरातात्विक अनुमान से पणि भारत की सीमा में बाहर से आये । वे पण्य अर्थात् मुद्रा के आधार पर व्यापार करते थे । उनके पास अस्त्र और शस्त्र भी थे जिनकी सहायता से वे कभी कभी स्थानीय निवासियों से धन और सम्पत्ति का अपहरण भी कर लेते थे । ऋग्वेद के दशम मंडल में इन्द्र की दूती सरमा तथा पणियों के बीच लंबा संवाद हुआ है । इन्द्र ने सरमा को बृहस्पति की पणियों द्वारा अपरहित गायों का पता लगाने के लिए भेजा था साथ ही यह भी संदेश पहुंचाने को कहा था कि यदि पणियों ने बृहस्पति की गायें नहीं लौटाईं तो उन्हें शक्तिशाली इन्द्र की सेना का सामना करना पड़ेगा । आरंभ में पणियों ने सरमा को चोरी में हिस्सा लेकर तथा बाद में उसे बहन मानकर उसको फुसलाने की चेष्टा की । उन्होंने उसे समझाया कि वह उनके पास सुरक्षित रहेगी तथा यदि वह भय के कारण इन्द्र की दूती बनी है तो उसे आगे डरने की जरूरत नहीं है । सरमा ने इस जासूसी कार्य में एक कुतिया का रूप लिया था । आज भी जासूसी कार्य के लिए कुत्तों का उपयोग आम बात है । इन्द्र के द्वारा इस प्रकार का संदेश भेजना भारतीय परंपरा और राजनीतिक मर्यादा कौशल का उत्तम उदाहरण है । महाभारत युद्ध के पूर्व पाण्डवों का संदेश लेकर श्रीकृष्ण भी कौरवों के पास गये थे । सारांशतः यह राज सत्ता का राजदूत स्तर पर प्रथम सम्पर्क था जो आज तक न केवल एक परम्परा बल्कि राजनैक मर्यादा के रूप में भी मान्य और विद्यमान है ।

वृत्र

वृत्र इन्द्र का सबसे पहला महाशत्रु है । यह कहना कठिन है कि वह एक ऐतिहासिक पात्र है अथवा महान प्राकृतिक शक्ति जिसे इन्द्र ने पराजित किया था । भारतीय पुराणों में बाद में जाकर उसे एक असुर की ही मान्यता मिली । वृत्र की माता का नाम दनु तथा पिता का नाम त्वष्टा था । कहीं कहीं वृत्र को एक सर्प के रूप में भी संकेतित किया गया है । प्राचीन मिथकों और आख्यानों में असुरों को सर्पाकार माना जाना आम बात है । इन्द्र के द्वारा अपने वज्र से वृत्र का वध किया जाता है । एक अर्थ में इसे तड़ित के द्वारा बादलों को भेदकर वर्षा कार्य भी लिया जा सकता है ।

शुनःशेप

पहले मंडल के २४वें सूक्त में शुनःशेप की कथा का उल्लेख हुआ है । उसकी एक यज्ञ में बलि दी जाना निश्चित था । इस अवसर पर शुनःशेप ने बड़ी प्रार्थनायें कीं जिनके कारण न केवल उसे जीवनदान मिला बल्कि उसे विश्वामित्र ने अपने मुख्य शिष्य के रूप में भी स्वीकार किया । इस कथा का शतपथ ब्राह्मण में आगे बहुत विस्तार किया गया है ।

वशिष्ठ और विश्वामित्र

तीसरे मंडल के ५३वें सूक्त तथा सातवें मंडल के ३३वें सूक्त में इन दो ऋषियों की कहानी कही गई है । कालांतर में पुराने साहित्य में वे महान ऋषियों के रूप में विवरणित हैं । अयोध्या के अलग अलग राजाओं का उनका पुरोहित होना तथा इनके बीच की प्रतिद्वंदिता अनेक पौराणिक आख्यानों का केन्द्र बिन्दु है ।

त्र्यरुण और वृषजान

पंचम मंडल के सूक्त २ में एक रोचक कहानी इस प्रकार वर्णित है । राजा त्र्यरुण का पुरोहित वृषजान राजा के रथ को चला रहा था । इसी समय एक बालक खेलते हुए रथ के पहिये के नीचे आकर मर गया । पुरोहित ने राजा से कहा कि बालक का हत्यारा राजा है क्योंकि राजा वाहन का स्वामी था । राजा का कहना था कि बालक का हत्यारा पुजारी ही है । यह मामला राजा इक्ष्वाकु तक पहुंचा जिन्होंने अपनी व्यवस्था प्रदान की कि वाहन का संचालन चूंकि सारथी कर रहा था अतः इस हत्या का दायित्व भी उसी का है, वाहन के स्वामी का नहीं । किन्तु अन्ततः अपराध का दायित्व राजा ने ही स्वीकार किया और पुरोहित के द्वारा बालक को जीवित कर दिया गया ।

सरस्वती और वध्यस्व

मंडल ६ के सूक्त ६१ में सरस्वती द्वारा ऋषि वध्यस्व के लिए एक देवदास नाम के पुत्र को उत्पन्न करने का उल्लेख हुआ है । देवी सरस्वती नदी के रूप में भी वर्णित है । उसके द्वारा असुरों के विनाश में देवताओं की सहायता का कार्य किया जाता है । वह आर्यों को असुरों द्वारा अपहृत भूमि की वापसी में भी सहायता करती है । यह कहा जाता है कि इन्द्र के वृत्र के साथ हुए युद्ध के समय सरस्वती दृष्टिगोचर रही होगी । वह अन्न और धन को प्रदान करती

है। वह दूसरी नदियों को भी जल प्रदान करती है। ऋषि इस नदी के किनारे वास करने की इच्छा करते हैं।

वर्तमान में सरस्वती नदी दिखाई नहीं देती किन्तु इसके प्रमाण हैं कि ऋग्वेद काल में वह प्रत्यक्ष और दृष्टिगोचर थी। पणि सरस्वती नदी के दूसरी ओर रहते थे तथा इस नदी का अन्य नाम रसा था। यही कारण है कि वे सरमा से पूछते हैं कि तुमने बाढ़ग्रस्त नदी रसा को कैसे पार किया ! मंडल ३ में आये नदी सूक्त में विश्वामित्र व्यास और सतलज से मार्ग देने की प्रार्थना करते हैं। इसी प्रकार की प्रार्थना अन्यत्र सरस्वती से भी की जाती है।

विष्णु और त्रिविक्रम

ऋग्वेद में विष्णु द्वारा तीन पगों से सृष्टि को माप लेने का कथानक परवर्ती अनेक वैदिक कथाओं का महत्वपूर्ण केन्द्र बनता है। विष्णु के वामन अवतार की कथा इसी घटना पर आधारित है। पश्चिम के कुछ व्याख्याकार विष्णु को सूर्य का ही एक नाम मानते हैं तथा उनके अनुसार धरती, आकाश और स्वर्ग में पहुंचती सूर्य की किरणें विष्णु के तीन पग हैं।

राजा सुदास

मंडल ७ के सूक्त ८३ में इस राजा का उल्लेख है। उसके द्वारा महान दासराज्ञ युद्ध लड़ा गया था। उसके विरुद्ध १० राजा लड़ रहे थे किन्तु अंत में विजय उसी की हुई। इस युद्ध में इन्द्र और वरुण ने भी उसकी सहायता की क्योंकि वह यज्ञों का समर्थन करता था। एक अर्थ में दासराज्ञ युद्ध प्रथम विश्व युद्ध था। इस युद्ध का तत्कालीन वैदिक समाज पर भारी प्रभाव पड़ा। ऋषि वशिष्ठ ने भी इसी राजा सुदास की ही सहायता की। कुछ विश्लेषकों का कहना है कि आरंभ में विश्वामित्र सुदास के पुरोहित रहे होंगे किन्तु इनमें शत्रुता हो जाने के कारण विश्वामित्र ने विरोधी राजाओं का साथ दिया। इसका एक कारण विश्वामित्र की ऋषि वशिष्ठ से शत्रुता ही माना जा सकता है जो कि बाद के पौराणिक साहित्य में काफी विस्तार पाती है। यह प्रतिद्वंद्विता उस समय अपने शिखर पर पहुंच जाती है जब विश्वामित्र सुदास के पुत्र को वशिष्ठ के बेटे शक्ति को ही मार डालने के लिए उकसाते हैं।

नहुष

मंडल ७ के सूक्त ९५ के मंत्र १० में राजा नहुष सरस्वती से प्रार्थना करते हैं कि वह उसे हजारों वर्ष के लिए जल और संपदा प्रदान करे। पुराणों में नहुष की कथा को एक नया आयाम मिलता है। वह अपने गुणों के कारण स्वर्ग का अधिपति बना दिया जाता है। बाद में नहुष का अधः पतन भी होता है क्योंकि वह इन्द्र की पत्नी शचि से विवाह करना चाहता है और इस कामना के प्रभाव में वह सप्तऋषियों का अपमान कर देता है। सप्तऋषि नहुष को सर्प हो जाने का श्राप देते हैं। इस योनि से नहुष का भगवान श्रीकृष्ण द्वारा कई हजार वर्षों के बाद उद्धार होता है।

उर्वशी और पुरूरवा

दसवें मंडल के ७५वें सूक्त में स्वर्ग की अप्सरा उर्वशी तथा धरती के राजा पुरूरवा का रोचक संवाद है । इसके पहले मंडल के ३१वें सूक्त के चौथे मंत्र में भी पुरूरवा के नाम का उल्लेख है । इनका संवाद इनके वियोग की भूमिका में संपन्न होता है । उर्वशी पुरूरवा को छोड़कर जा रही है क्योंकि पुरूरवा ने उसे दिये हुए वचन को भंग किया है । वास्तविकता यह है कि ये दोनों अलग अलग लोकों के रहने वाले हैं तथा इनका वियोग अवश्यंभावी है । इस पृष्ठभूमि में पुरूरवा का विलाप बहुत काव्यात्मक है तथा यह महाभारत और कालिदास के विक्रमोर्वशीयम् नाटक का आख्यान बनता है । यह कहना कोई अतिशयोक्ति नहीं कि यह विश्व साहित्य की प्रथम प्रेम कथा है

देवापि और शांतनु

देवापि और शांतनु दो भाई हैं । वे कुरु प्रदेश के राजा थे । देवापि इनमें बड़ा है किन्तु शांतनु राज्य प्राप्त कर लेता है । बाद के वैदिक साहित्य में उल्लेख मिलता है कि इससे उस राज्य में भयानक अवर्षा की स्थिति उत्पन्न हो गई । इससे शांतनु को कोढ़ की बीमारी भी उत्पन्न हो गई । ऋग्वेद में वर्णन आता है कि शांतनु ने इसके परिहार के लिए एक यज्ञ संपन्न किया । कथा शिल्प की दृष्टि से यह परिवारिक सत्ता के संघर्ष की कहानी है ।

नाचिकेत

कठोपनिषद में यम और नचिकेता के संवाद की कहानी का स्रोत ऋग्वेद के दशम मंडल में प्राप्त होता है । यद्यपि यह कथा यहां विकसित नहीं है ।

आर्य

ऋग्वेद में अनेक स्थानों पर यह उल्लेख मिलता है कि कुछ जातियां और लोग आर्यो के विरुद्ध थे । वे यज्ञ नहीं करते थे । वे काले थे तथा जल के प्रवाह को भी रोक रखते थे । ऐसा लगता है कि इन संकेतों के आधार पर ही पश्चिमी व्याख्याकारों ने भारत में आर्यो के पश्चिम से आने की कथाएं गढ़ी हैं । भारतीय विचारकों की इस संबंध में मान्यता यह है कि भारत के आर्य ही सुदूर पश्चिम में जाकर भारतीय सभ्यता और संस्कृति का प्रसार कर रहे थे । एक अन्य धारणा यह है कि एक विस्तृत और अखंड भारत निवासी आर्य कहलाते थे । एशिया माइनर के दोगाजकोई में १९०७ में संपन्न खुदाई में यह प्रमाणित हुआ है कि वैदिक देवता जैसे - इन्द्र, मित्र, वरुण आदि वहां भी विद्यमान थे । वह काल १४०० वर्ष ईसा पूर्व का है।

५

ऋग्वेद के दस मण्डल

प्रथम मण्डल

मण्डल एक में १९१ सूक्त और २००६ ऋचाएं हैं । इसके अधिकतम मंत्र इन्द्र को समर्पित हैं तथा सबसे अधिक संख्या में मंत्रों के द्रष्टा ऋषि दीर्घतमा है । अधिकतम संख्या में सूक्तों के द्रष्टा ऋषि अगस्त्य है । इन सभी ऋषियों के नाम और उनके द्वारा रचे सूक्तों की संख्या नीचे दर्शाई जा रही है -

	ऋषि	सूक्त-क्रम	सूक्त संख्या
१.	मधुच्छन्दा	१-१०	१०
२.	जेता मधुच्छन्दा	११	१
३.	मेधातिथि कण्व	१२-२३	१२
४.	शुनःशेप अजीगर्त	२४-३०	७
५.	हिरण्यस्तूप अंगिरस	३१-३५	५
६.	कण्वघोर	३६-४३	८
७.	प्रष्कण्व	४४-५०	७
८.	सव्य अंगिरस	५१-५७	७
९.	नोधा गौतम	५८-६४	७
१०.	पाराशर शाक्त्य	६५-७३	९
११.	गौतम रहूगन	७४-९३	२०
१२.	कुत्स आंगिरस	९४-९८	५
		१०५	१
		१०६-११५	१०
१३.	काश्यप मरीच	९९	१
१४.	ऋज्राश्व अम्बरीष	१००	१

१५.	कक्षीवान दैर्घतमस	११६-१२६	११
१६.	परुच्छेप देवोदासि	१२७-१३९	१३९
१७.	दीर्घतमा औदाच्य	१४०-१६४	२५
१८.	इन्द्र, मरुत् अगस्त्य	१६५	१
१९.	अगस्त्य मैत्रावरुण	१६६-१७८	१३
		१८०-९१	१२
२०.	लोपामुद्रा	१७९	१
	योग		१९१

जहां तक ऋषियों द्वारा मंत्रों की रचना का संबंध है, दीर्घतमा ने २४२, मैत्रावरुणि अगस्त्य ने २२०, कुत्स अंगिरस ने २१२ तथा गौतम रहूगन ने २०४ मंत्रों का सृजन किया है। इसी प्रकार जिन महत्वपूर्ण देवताओं को तुलनात्मक दृष्टि से अधिक संख्या में मंत्र अर्पित किये गये हैं उनकी संक्षिप्त स्थिति निम्नानुसार है -

देवता	मंत्र
इन्द्र	४६९
अग्नि	४०७
अश्विनीकुमार	२१३
विश्वेदेवा	१५२
मरुत	१३५
उषा	८४
सूर्य	३९

इस मंडल में आये कुछ अन्य महत्वपूर्ण देवताओं के नाम हैं - वरुण, सोम, विष्णु, रुद्र, उषा, सविता, वायु, बृहस्पति, आप, सरस्वती, वाक्, इन्द्र, त्वष्टा और पृथ्वी। दो की जोड़ी में स्मरण किये जाने वाले देवता, मित्रावरुण, द्यावापृथ्वी, इन्द्रावरुण, अग्निमरुत और इन्द्र-विष्णु हैं।

मंडल एक का अध्ययन करने के पश्चात् यह निष्कर्ष निकाल पाना कठिन है कि इसमें ऋषि, देवता या छंदों में से प्रधान कौन है ? आगे यही कठिनाई मंडल १० के संबंध में भी सामने आती है। यह प्रश्न इसलिये भी उठता है क्योंकि मंडल ९ जहां देवता प्रधान हैं वहीं मंडल २ से ८ में ऋषियों की प्रधानता है। यही कारण है कि कुछ समीक्षक पहले और दसवें मंडल को इनकी सूक्त संख्या आदि की समानता को देखते-हुए इन्हें उत्तरवर्ती रचना मानते हैं। यह भी उल्लेखनीय है कि एक ही सूक्त की विषयवस्तु में भिन्नता भी आ जाती है क्योंकि उसमें आये मंत्रों के द्रष्टा ऋषि और देवता भी परिवर्तित हो जाते हैं। मंडल एक के आधार पर

महत्वपूर्ण देवताओं की विशेषताओं और उनके चरित्रांकन के संबंध में कुछ विवरण नीचे दिये जा रहे हैं जिससे इस मंडल की विषय वस्तु का यत्किंचित आवश्यक बोध हो सके ।

इन्द्र

सभी संपदाओं के स्वामी और शत्कृतु इन्द्र हैं । उनका शौर्य अक्षत है । वे वीर पुरुषों के बीच में वास करते हैं । उनमें अज्ञानियों को ज्ञान तथा कुरूपों को सुंदरता देने की सामर्थ्य है । वे दानियों की सहायता करते हैं । उनके जनकल्याण के कार्य सूर्य की किरणों की तरह स्वयं प्रकाशित हैं । वे अंगिरा की गायों की रखवाली करते हैं । उन्होंने अत्रि की कैद से बाहर आने में सहायता की । उन्होंने विमद को पशु धन दिया । उनके द्वारा आर्यों के हित में दस्युओं का संहार किया गया । वे अनुशासन प्रिय हैं तथा नियम भंग करने वालों को कठोर दंड देते हैं । वे यज्ञ के समर्थक हैं ।

ऋग्वेद में इन्द्र की युद्धकला का विस्तार से वर्णन मिलता है । वे युद्ध भूमि में अपने आयुध वज्र को पर्वत की तरह धारण करते हैं । वे अपने शत्रु का संहार व्यूह रचना के आधार पर करते हैं । वे उस शत्रु को भी घेर लेते हैं जो उन्हें घेरने आता है । युद्ध भूमि में इन्द्र की शक्ति का अनुमान करने में कभी कोई समर्थ नहीं होगा । उनकी गर्जना का जड़ या चेतन में कोई भी सामना नहीं कर सकता । इन्द्र अपने युद्ध दूसरों के कल्याण के लिए करते है इसलिए उनकी सर्वत्र प्रशंसा की जाती है ।

योगिराज अरविंद के अनुसार इन्द्र मनुष्य की विचार-शक्ति है । इस अर्थ में इन्द्र के द्वारा सोमरस का पान किया जाना उनके द्वारा आनंद चेतना की यात्रा का परिचायक है जिसके परिणामस्वरूप वे अमरत्व की कोटि में पहुंचते हैं ।

अश्विनी कुमार

वेदों के भाष्यकार श्री सातवलेकर के अनुसार अश्विनी कुमार विश्व सरकार के स्वास्थ्य मंत्री है । प्रारंभ में इन्हें देवताओं के साथ सोमरस पान का अधिकार प्राप्त नहीं था । बाद में जाकर जब इन्होंने च्यवन ऋषि को अंधत्व से मुक्ति प्रदान की, तब उन्हें यह सम्मान हासिल हो गया । च्यवन ऋषि को वृद्ध से युवा बनाने तथा उन्हें अंधत्व से मुक्ति देने के लिए इनसे ऋषि पत्नी सुकन्या ने प्रार्थना की थी । इन दो भाईयों में से एक भाई शल्य क्रिया और दूसरा औषधि विज्ञान में निष्णात है । उनके पास चिकित्सा से संबंधित सभी आवश्यक उपकरण हैं ।

मंडल एक के सूक्त १५७ के मंत्र ६ में कायाकल्प तथा सूक्त ११६ के मंत्र १० में इनके द्वारा त्वचा आरोपण की क्रिया का वर्णन है जिसका प्रयोग च्यवन ऋषि के साथ किया गया था । सूक्त ११७ के मंत्र १३ में कहा गया है कि उन्होंने ऋषि की त्वचा का वैसे ही प्रत्यारोपण कर दिया जैसे एक सर्प द्वारा अपनी केंचुल छोड़ी जाती है । १.११९.७ के अनुसार उन्होंने वन्दन को दृष्टि प्रदान कर सुंदरता भी दी । श्याब को तीन घाव लगे हुए थे, किन्तु उन्होंने उसे शीघ्र ही चलने योग्य बना दिया । १.११७.२४ । उन्होंने ऋज्राश्व को दृष्टि प्रदान की क्योंकि उसके पिता ने उसे अंधा बना दिया था । १.११६.१६ । इन देव चिकित्सकों के शल्य क्रिया के

इस प्रकार अनेक चमत्कार भरे पड़े हैं। राजा खेल की पुत्री विश्पला युद्ध में लड़ने गई थी। वहां उसकी एक टांग कट गई। उन्होंने उस कटी हुई टांग के स्थान पर लोहे की टांग जोड़ दी जिसके सहारे वह आराम से यात्रा करने लगी। इनके द्वारा जेल में बंद रेव के घावों की भी चिकित्सा की गई। १.११२.५। तथा एक बंध्या गाय को भी दूध देने की सामर्थ्य प्रदान की गई। १.११२.३।

वे अपने रथ में बैठकर आकाश में पक्षी की भांति उड़ा करते थे। १.११८.४। सूक्त १२० के मंत्र १० में कहा गया है कि उनका रथ बिना घोड़ों के चलता है। उनके पास ऐसी नौका बनाने की भी कला थी कि वह पानी और हवा में एक जैसी चल सकती थी। इस वाहन से उन्होंने तुग्र के पुत्र भुज्यु की विशेष सहायता की जो कि एक रेगिस्तान में फंस गया था। उनका रथ उसे लेकर तीन दिन और तीन रात बराबर चलता रहा। इस प्रकार उसे उन्होंने उसके घर पहुंचाया। १.११६.४।

श्री अरविंदो के अनुसार अश्विनी कुमार ऋत-चेतना के प्रतीक हैं। उनकी सर्वत्र निर्वाध गति यही संकेत देती है।

उषा

उषा से संबंधित सूक्त बहुत काव्यात्मक हैं तथा उनमें प्रकृति प्रेम अभिव्यक्त होता है। इसका वर्णन प्राचीन ऋषियों की द्रष्टा भाव की उस अपार क्षमता का परिचय देता है जिससे उन्हें निरपेक्ष सौंदर्य बोध होता था। प्रकृति का यह सौन्दर्य उन्हें सर्वत्र आनंद की प्रतीति कराता है। उषा द्वारा सूर्य की प्रतीक्षा स्त्री और पुरुष के कोमल संबंधों की परिचायक है। उषा जागरण की देवी है। यह संसार को अंधकार से प्रकाश की ओर ले जाती है। यह अंधकार पर प्रकाश की विजय की द्योतक है।

उषा सभी प्राणियों में चेतना का संचार करती है। जिनके पांव हैं वे चलने लगते हैं और जिनके पंखें हैं वे अपने नीड़ को छोड़ उड़ने लग जाते हैं। वैदिक ऋषि द्यौ की पुत्री उषा से धनधान्य प्रदान करने का अनुरोध करता है। उसकी प्रार्थना है कि उषा, गायें, घोड़े, बच्चे और सेवक प्रदान करे। उषा के संबंध में कहा गया है कि वह ऋत के मार्ग पर चला करती है।१. २४.३। उषा को कभी कभी ऋतावरी भी कहा गया है और कुछ अन्य अवसरों पर सुनृतावरी कहा जाता है। वह आनंदपूर्ण सत्य भाषण करती हुई प्रकट होती है। जिस प्रकार उसे दिन और पशुओं का अग्रगामी बताया गया है वैसे ही उसे सत्य प्रवक्ताओं में भी अग्रतर कहा गया है। सूक्त ९२ के मंत्र ९ में ऋषि गौतम रहूगण का कहना है कि उषा सारे संसार पर अपनी व्यापक दृष्टि डालती है और समस्त संसार को वाणी की शक्ति प्रदान करती है। योगिराज अरविंद ने माना है कि उषा मनुष्य के भीतर प्रकाश भरने वाली एक शक्ति है मनुष्य को जिसकी प्रतीति और जिसमें उसका जागरण होना आवश्यक है।

विष्णु

विष्णु सर्वव्यापी देवता हैं। इस अर्थ में उनका संबंध रुद्र से भी स्थापित होता है कि वे भयंकर रुद्र देवता से भिन्न नितांत सौम्य है। पश्चिम के विद्वानों ने प्रायः यह स्थापित किया

है कि ऋग्वेद के विष्णु और रुद्र ही पुराणों के विष्णु और शिव के रूप में विकसित हुए हैं किन्तु यह स्पष्ट है कि ऋग्वेद में इन्द्र और अग्नि की तुलना में विष्णु तथा रुद्र का स्थान सीमित है । कुछ समय तक यह धारणा भी प्रचार में रही कि शिव द्रविड़ों के देवता थे और उन्होंने दक्षिण से उत्तर की यात्रा की । यह धारणा सही नहीं है । यह विचारणीय है कि दक्षिण में भी शिव का आवास हिमालय ही मान्य है ।

वस्तुतः ऋग्वेद के सूक्तों की संख्या के आधार पर देवताओं का महत्व प्रतिपादित नहीं होता । यही कारण है कि यद्यपि अग्नि और इन्द्र के संबंध में सूक्तों की संख्या सबसे अधिक है किन्तु वे विष्णु और रुद्र से अधिक महत्वपूर्ण नहीं हैं । विष्णु यद्यपि रूप में उतने महत्वपूर्ण प्रकट भले ही न लगें किन्तु वे अपनी व्यापकता और परवर्ती विकास तथा प्रभाव के आधार पर निश्चित ही केन्द्र स्थानी हैं ।

जब इन्द्र वृत्र का वध करने के लिए तत्पर होता है तो वह अपने सहयोगी विष्णु को इस युद्ध में सहायता के लिए आहूत करता है - "हे विष्णु , अपनी गति और व्यापकता से शीघ्र आओ ।" १.२२.१९ । विष्णु का परम पद सभी देवताओं का आश्रय स्थल है । वास्तव में यह वैदिक यात्रा का भी अंतिम पड़ाव है । यही कारण है कि विष्णु पुराणों के भगवान नारायण के रूप में मान्यता प्राप्त करते हैं ।

यह मानना ज्यादा सही है कि वैदिक ऋषियों के लिए परमेश्वर एक ही है तथा विष्णु, रुद्र, बृहस्पति, अग्नि, इन्द्र, वायु, मित्र, वरुण आदि उसके नाना रूप और नाम हैं । यह कहना कहीं और भी अधिक सही होगा कि ये देवता उस एक ईश्वर का अपनी स्वतंत्र इकाई में भी संपूर्ण प्रतिनिधित्व करते हैं । दूसरे शब्दों में परमेश्वर की पूर्णता इस प्रकार कहीं प्रभावित नहीं होती।

सूक्त १५४ में दीर्घतमा ऋषि विष्णु के तीन पगों की व्यापकता का वर्णन करते हैं । इस संदर्भ को व्याख्याकार सामान्यतया विष्णु के बावन अवतार धारण करने के समय स्वर्ग, आकाश और पाताल को तीन पगों से नाप कर राजा बलि को अपदस्थ करने की घटना से जोड़ते हैं । श्री अरविंदो के अनुसार विष्णु के ये तीन पग ईश्वर के मूल विशेषणों -सत् चित और आनंद के परिचायक हैं ।

मंडल एक के ऋषि

चूंकि वैदिक ऋचाओं की रचना ऋषियों ने प्रायः समाधि अवस्था में ही की है अतः इनमें वर्णित विषयों के काल और स्थान का क्रमबद्ध विवेचन संभव नहीं है । यही कारण है कि व्याख्याकारों को इनकी विषय वस्तु में सूत्रबद्धता प्राप्त करने में कठिनाई आती है । इन ऋषियों का भी वेद के मुख्य पात्र देवताओं की भांति बाद में जाकर चारित्रिक विकास हुआ है किन्तु मात्र वेद के अध्ययन के आधार पर ऋषियों का चरित्रांकन किया जा पाना कठिन है ।

सभी मानव जाति के प्रथम पूर्वज मनु हैं (१.६०.३) । वे एक राजा और ऋषि के रूप में वर्णित हुए हैं । देवता भी इन्हीं मनु की संतान हैं । उन्होंने अथर्व एवं दधीचि के साथ अनेक यज्ञ सम्पन्न किए । मंडल एक में गौतम रहूगण काफी बड़ी संख्या में सूक्तों की रचना करते हैं ।

उनका अंगिरा से संपर्क भी अनेक उल्लेख प्राप्त करता है। इसी प्रकार अगस्त्य ने भी बहुत बड़ी संख्या में मंडल एक के मंत्रों की रचना की है। अगस्त्य और उनकी पत्नी लोपामद्रा के बीच में हुई वार्ता भी सूक्त १७९ में वर्णित हुई है। एक अन्य ऋषि भृगु अग्नि के उपासक हैं। उनके द्वारा की गई अग्नि की खोज का अनेक स्थानों पर उल्लेख मिलता है। उन्होंने इस अग्नि को भूमि की नाभि में स्थित प्राप्त किया था। १.१४३।

अंगिरा के पुत्र कुत्स सूक्त ९४ से ९८ तथा १०० से १०५ तक के रचयिता हैं। इन्द्र इनके बड़े सहायक थे। ये एक बार कुएं में गिर गए थे जिससे उनकी सहायता कर इन्द्र ने ही उन्हें बचाया। इन्द्र को भी अपनी शक्ति प्रदर्शन के लिए उनकी सहायता की आवश्यकता रहती थी।

घोर ऋषि के पुत्र कण्व सूक्त ३६ से ४३ तक के द्रष्टा हैं। सूक्त ११२ के मंत्र ५ में कण्व के एक सघन वन प्रांतर में खो जाने का उल्लेख है। यहां से इन्हें अश्विनी कुमारों ने बचाया था। सूक्त १३९ के मंत्र ९ में कण्व को बड़ा दीर्घजीवी ऋषि कहा गया है।

प्रथम मंडल के महत्वपूर्ण सूक्त-संदेश

१. अग्नि, आप हमारे लिए वैसे ही सुगम बनो जैसे एक पुत्र के लिए पिता होता है।

२. इन्द्र हमें नाना प्रकार की संपदा देता है।

३. देवत्व प्राप्त करने के लिए देवताओं की पूजा आवश्यक है।

४. देवताओं की किसी से शत्रुता नहीं होती।

५. हे पृथ्वी, तुम हमारे लिए निष्कंटक रहकर सुख देने वाली बनो।

६. विद्वान् पुरुष विष्णु के प्रकाशवान परम पद का ध्यान करते हैं।

७. मित्रावरुण सन्मार्ग को प्रकाशित करते हुए सत्य के प्रदर्शक हैं।

८. जिस घर में अतिथियों के लिए भोजन और संसार के सभी प्राणियों के कल्याण के लिए यज्ञ संपन्न होता है, वह धरती में भी स्वर्ग के समान हैं।

९. इन्द्र ने वृत्र को मारकर जल की विशाल धाराओं को उन्मुक्त किया।

१०. वीर और बुद्धिमान पुरुषों की प्रशंसा की जानी चाहिए।

११. जो मनुष्य अपनी मातृभूमि की पूजा करता है वह अमर हो जाता है।

१२. सत्य का मार्ग ही कष्टों के निवारण की सही दिशा है।

१३. उषा एक कुशल गृहणी की तरह संसार को सुव्यवस्थित रखती है।

१४. हे सूर्य, आज उदित होकर हमारे हृदय रोग, क्षय रोग और पीलिया आदि बीमारियों को दूर करना।

१५. हम सौ वर्ष तक आनंदपूर्वक जीवन जियें।

१६. राष्ट्र की प्रजा संपन्न, वैभवयुक्त, श्रमकुशल और लोभरहित हो। वह देवताओं तथा सभी मनुष्यों के सुख के लिए यज्ञ करती है।

१७. सत्य के अन्वेषक, वैभववान बनते हैं।

१८. सन्मित्रों से युक्त मनुष्य संसार में सुखी रहता है।

१९. हमें उन्हीं को उपदेश देना चाहिए जो इसे सुनने के लिए तैयार हैं।

२०. हम अपने कानों से मधुर आवाज सुनें।

२१. हम अपनी आंखों से शुभ दर्शन करें ।

२२. हम अपना शरीर स्वस्थ रखते हुए निर्धारित आयु पूरी करें ।

२३. हमारे जीवन की आयु सौ वर्ष रहे ।

२४. हमारी जीवन श्रृंखला बीच में न टूटे ।

२५. सूर्य की एक किरण संसार के लिए अनेक रूप धरती है ।

२६. एक अच्छे राजा को प्रजा खूब चाहती है ।

२७. एक बुद्धिमान मनुष्य अपने संकल्प से अपने कार्य को पूर्व में ही संपन्न कर लेता है तथा बाद में इसे कर पाने के अपयश से वह सदा बच जाता है ।

२८. विष्णु उद्योग करने वालों के मित्र हैं ।

२९. जो भी कहा जाए वह मधुर और प्रिय शब्दों में प्रकट हो ।

३०. हम जो भी प्राप्त करना चाहें उसे कार्य से प्रमाणित होना चाहिए ।

३१. देवता आलसी लोगों की सहायता नहीं करते ।

३२. हमें प्रतिदिन देव आराधना करनी चाहिये ।

३३. यह भूमि और इसके नगर हमारे लिए विस्तीर्ण और शुभ हों ।

३४. अग्नि का सेवन न करने वाले मनुष्य बीमार होते हैं ।

१. अग्ने सूनवे पिता इव नः स्वस्तये आ सचस्व (मंत्र सं. ७)
२. इन्द्रस्य रातयः पूर्वीः (१०५)
३. देवयते देवान् यज (१५८)
४. विश्वे देवासो अद्रुहः (१८८)
५. पृथिवी ! स्योना अनृक्षरा निवेशिनी भव सप्रथः शर्म न यच्छ (२२३)
६. विष्णोः यत् परमं पदं दिवि आततं चक्षुः इव सूरयः सदा पश्यन्ति (२२८)
७. ता मित्रावरुणा ऋतेन ऋतावृधौ ऋतस्य ज्योतिषः पती (२३४)
८. स्वादुक्षद्मा वसतौ स्योनकृत् यः जीवयाजं यजते स दिवः उपमा (३६५)
९. अहिं अहन् अनु अपः ततर्द पर्वतानां वक्षणा प्र अभिनत् (३६९)
१०. सुमनाः सुवीर्यान् देवान् यक्षि (४२७)
११. पृश्निमातरः मर्तासः स्तोता अमृतः स्यात् (४६०)
१२. पारं एतवे ऋतस्य पन्थाः साधुया (५५२)
१३. उषाः सूनरी योषा इव प्रभुंजती (५७१)

१४. सूर्य अद्य उद्यन् मम हृद्रोगं हरिमाणं च नाशय (५९७)

१५. शतं हिमा पुष्येम् (७४४)

१६. अर्यः दिधिष्वः विभित्राः अतृप्यन्तीः प्रयसा देवान् जन्म वर्धयन्तीः (८०९)

१७. ऋतज्ञाः रायः दुर विदन् (८२४)

१८. हितः मित्रः पृथिवी उपेक्षिति (८२९)

१९. ऋण्वते मंत्रं वोचेम (८३७)

२०. कर्णेभि भद्रं श्रृणुयाम (९७६)

२१. अक्षभिः भद्रं पश्येम (९७६)

२२. स्थिरैः अंगैः तनूभिः तुष्टुवां सः यत् आयुः देवहितं वि अशेम (९७६)

२३. शरदं शत अन्ति इत् नु (९७७)

२४. नः आपुः गन्तोः मध्या मा रीरिषत (९७७)

२५. ज्योतिः एकं बहुभ्यः (१०३२)

२६. साम्राज्याय प्रतर दधानः अस्तावि (१५३१)

२७. धीरः स्वेन मनसा यत् अग्रभीत्, प्रथमं न अपरं, वचः न मृष्यते (१५८२)

२८. तत् विष्णुः वीर्येण स्तवते (१६३२)

२९. यत् तत् शुभनैः वोचे (१७७०)

३०. यत् वशाम,. त्वा (१७७४)

३१. न मृषा श्रान्तं देवाः अवन्ति (१८८८)

३२. भूयिष्ठां नमः उक्तिं विधेम (१९७५)

३३. स्वस्तिभिः अस्मान् विश्रवा दुर्गाणि पारय (१९७६)

३४. अन्-अग्नित्रा कृष्टीः अभि अमन्त (१९७७)

द्वितीय मण्डल

दूसरे मंडल में ४३ सूक्त और ४२९ ऋचाएं हैं। इस मंडल के प्रमुख द्रष्टा ऋषि ग्रत्समद हैं। इसके अधिकतम मंत्र इन्द्र को समर्पित हैं। द्रष्टा ऋषियों के नाम, उनके द्वारा रचे गये सूक्त एवं मंत्रों की स्थिति निम्नानुसार है :-

ऋषि	सूक्त	मंत्र
१. गृत्समद	३६	३६६
२. सोमाहुति भार्गव	४	३१
३. गार्त्समद कूर्म	३	३५
योग	४३	४२९

विभिन्न देवताओं से संबंधित मंत्रों की स्थिति निम्न प्रकार से है -

देवता	मंत्र संख्या
१. इन्द्र	१३६
२. अग्नि	७८
३. ब्रह्मस्पति	२८
४. विश्वेदेवा	१७
५. आदित्य	१७
६. बृहस्पति	१६
७. मरुत	१६
८. रुद्र	१५
९. अपानपात्	१५
१०. ऋतु	१२
११. सविता	११
१२. अश्विनीकुमार	११
१३. अग्नि	११
१४. वरुण	११
१५. सोमपूषण	६
१६. शाकुन्त	६
१७. सरस्वती	४
१८. द्यावापृथिवी	४
१९. सिनीवाली	३

२०. मित्रावरुण	३
२१. इन्द्रत्वष्टा	२
२२. राका	२
२३. वायु	२
२४. इन्द्रवायु	१
२५. इन्द्रब्राह्मणस्पति	१
२६. इन्द्रसोम	१
योग	४२९

जैसा कि सामान्यतया धार्मिक संहिताओं और विश्व के अनेक धर्मग्रन्थों की स्थिति है, ऋग्वेद की शैली उपदेशात्मक नहीं है । यह शिल्प बाद के भारतीय पुराणों की कथात्मक शैली से भी भिन्न है । यह केवल कुछ ऐसे देवताओं के गुणों और वीरता का जरूर यत्र तत्र वर्णन कर देता है जिनका आदर्श मनुष्य के लिए हितकर हो सकता है । इसके मंत्रों के अर्थ भी एक साथ भौतिक, पराभौतिक एवं आध्यात्मिक स्तरों पर खुलते चलते हैं । इसके सभी देवता मनुष्य और संसार से पृथक प्रतीत होते हुए भी मनुष्य की आंतरिक शक्तियों का प्रतिनिधित्व करते हैं । यहां केवल कुछ देवताओं की मंडल दो में आई ऐसी विशेषताओं का संक्षेप में उल्लेख किया जा रहा है जो मानव जीवन और समाज में अनुकरणीय हैं ।

अग्नि

मंडल एक की ही तरह मंडल दो में भी अग्नि का स्थान महत्वपूर्ण है । मंडल २ का पहला ही मंत्र कहता है कि 'हे अग्नि तुमने जल, पर्वत और वन में जन्म लिया ।' यह कथन अपने आप में बहुत वैज्ञानिक है किन्तु वैदिक ऋषि केवल भौतिक अग्नि तक ही अपने आपको केन्द्रित नहीं रखता । सूक्त एक के तीसरे मंत्र में ऋषि की घोषणा है -

त्वमग्न इन्द्रो वृषभः सतामसि त्वं विष्णुरुगायो नमस्य

त्वं ब्रह्मा रयिविद् ब्रह्मणस्पते त्वं विधर्तः सचसे पुरन्ध्या ।

(अग्नि तुम बलवानों में इन्द्र हो, तुम व्यापकता में विष्णु हो, ज्ञानियों में तुम ब्रह्मणस्पति हो ।)

मंडल २ में अग्नि की कुछ विशेषताएं इस प्रकार की बताई गई हैं -

परिशुद्धता

अग्नि पूरी तरह से शुद्ध है । अन्य सभी पदार्थ जैसे - जल, हवा, भोजन आदि अशुद्ध हो सकते हैं किन्तु अग्नि के अशुद्ध होने का प्रश्न ही नहीं उठता । कोई भी चीज जो आग में डाली जाएगी, वह परिशुद्ध हो उठेगी । यही गुण मनुष्यों में भी होना चाहिए । उसके ऊपर कहीं से भी आने वाली अशुद्धता उसके व्यक्तित्व की आंच में निखर उठनी चाहिए ।

प्रशासक

अग्नि बहुत अच्छा प्रशासक है । वह सर्वत्र विद्यमान है । उसकी उपस्थिति के प्रति सभी सचेत रहते हैं ।

पवित्रीकरण

अग्नि को 'शुचिकृतु' कहा गया है । वह सदाचरण का पालन करने वाला है । वह यज्ञ क्रिया का प्रधान अभिकर्ता है । वह वातावरण को भी शुद्ध रखता है । उसमें पड़ने वाले अन्न और औषधियों से जलवायु में स्वस्थतावर्धक शक्ति उत्पन्न होती है ।

उदात्तता

अग्नि की ज्वाला सदा ऊपर की ओर ही जाती है । संस्कृत में इसलिये इसे 'ऊर्ध्वशोचि' कहा गया है । एक मनुष्य को भी अग्नि की ही तरह ऊपर उठते रहने की आवश्यकता है ।

सर्वग्राह्यता

अग्नि का एक दूसरा नाम 'सर्वतःशोचिः' भी है । यह सभी पदार्थों को ग्रहण करता है । यह सभी दिशाओं में फैलने की सामर्थ्य भी रखता है ।

सर्वमैत्री

अग्नि सभी का मित्र है । वेद में इसे 'मित्र इब जन्या' कहा गया है । यह मनुष्य मनुष्य में भेद नहीं करता । यह उन सबका मित्र है जो इसके निकट पहुंचते हैं ।

चैतन्यता

अग्नि में कभी भी निष्क्रियता या आलस्य नहीं देखा जाता । यह अपने कर्तव्य निर्वाह के लिए सदा तत्पर रहता है । यह अपने स्वभाव को भी कभी नहीं छोड़ता तथा इस प्रकार मर्यादा में रहना इसकी अपनी विशेषता है ।

सामान्य जन का नेतृत्व

अग्नि जन सामान्य का प्रतिनिधि है । यह प्राणशक्ति के रूप में सभी जीवित प्राणियों में मौजूद है ही, भौतिक रूप से भी प्रत्येक व्यक्ति को इसकी सहायता की आवश्यकता है । एक अच्छे प्रशासक में भी अग्नि की यही विशेषता होनी चाहिए कि प्रत्येक सामान्यजन की उस तक पहुंच हो ।

प्रकाश

प्रकाश अग्नि का गुण है । उसका प्रकाश न केवल ऊष्मा देता है बल्कि उसके निकट आने वाले जीव और पदार्थों को इस सत्य का साक्षात्कार भी कराता है ।

इसी तरह की विशेषताएं अन्य देवताओं जैसे - इन्द्र, वरुण, अश्विनीकुमार आदि में देखी जा सकती है तथा उनका आदर्श मनुष्यों के लिए ग्रहण किया जा सकता है । ऐसी कुछ सामान्य विशेषताएं निम्न प्रकार से परिगणित कराई जा सकती हैं-

समाज के प्रति सरोकार

वैदिक ऋषि सामाजिक कल्याण के प्रति सतत जागरूक हैं। वे ऐसी बुराइयों से लड़ने के लिए प्रेरणा देते हैं जो समाज में विषमता उत्पन्न करती हैं। यह कामना लगातार व्यक्त की गई है कि मनुष्य और देवताओं के लिए अहितकारी नेतृत्व समाज में कभी नहीं पनपे। समाज के सुख और शांति के लिए समाज में संपन्नता की भी आवश्यकता है। देवताओं, विशेषकर इन्द्र की आराधना समाज की इसी संपन्नता के लिए की गई है। मनुष्यों का इतना बड़ा सहायक होकर भी इन्द्र अहंकारी नहीं है। वह ऐसे लोगों की सहायता करता है जो स्वयं दानी है। वह न केवल धन बल्कि बुद्धि, नीरोगता और मधुर आवाज सभी कुछ देता है जिससे मनुष्य सुखपूर्वक समाज में रह सके।

कर्म की प्रधानता

ऋग्वेद के देवता कर्मठता के प्रतीक हैं। इन्द्र की महानता उसके वीरतापूर्ण कर्तव्यों से स्थापित होती है। मंडल दो में वरुण से प्रार्थना की गई है कि वे जीवन के तंतुओं को जीवन लक्ष्य की प्राप्ति के पूर्व न तोड़ दें -

मा तन्तुश्छेदि वयतो धियं मे मा मात्रा शार्यपसः पुर ऋतोः (२८१)

कर्म ही मनुष्य का सबसे बड़ा कवच है। इसीलिये यह सलाह दी गई है कि बुद्धिमान मनुष्य को हमेशा कर्तव्य पथ पर आरूढ़ रहना चाहिए। मनुष्य के लिए यह उचित नहीं है कि वह दूसरों के कमाये हुए धन पर आश्रित रहे- अन्य कृतेन मा भोजम। (२८५)

मंडल दो के द्रष्टा ऋषि गृत्समद का परामर्श है कि जो शुभ वचन बोलता है तथा दूसरों का भला करना चाहता है ऐसे आदमी को निकट रखना चाहिए तथा जो ऐसा आचरण नहीं करता उसे दूर रखे जाने की आवश्यकता है -

सुमंगलो भद्रवादी शकुन्ते।

मा नः स्तेन ईशत माघशंसो (४२५)

ज्ञान की श्रेष्ठता

मनुष्य के लिए ज्ञान सर्वोपरि है। देवताओं के गुरु बृहस्पति ज्ञान का यह मार्ग प्रशस्त करते हैं। इस पर चलने वाले मनुष्य पाप से बिद्ध नहीं होते। देवगुरु उन्हें दंडित करते हैं जो वास्तविक ज्ञान के प्रति द्वेष भाव रखते हैं। जो बृहस्पति के बताये हुए मार्ग पर चलता है उसे शत्रु, पाप और दुष्प्रवृत्तियां प्रभावित नहीं कर पातीं। सदाचरण वाले व्यक्ति को जब कोई दुष्ट मनुष्य प्रताड़ित करता है तो वह अपना ही विनाश कर रहा होता है। मंत्र २४१ में स्पष्ट घोषणा की गई है कि जो दुराचरण करता है वह जीवन में कभी सफल नहीं होगा। महाभारत में एक स्थान पर कहा गया है कि सज्जनों और दुर्जनों के बीच होने वाले युद्ध में यद्यपि प्रथमतः दुर्जन जीतते हुए प्रतीत हो सकते हैं, किन्तु अंततः न केवल सत्य की विजय की होती है बल्कि असत्य अपने जड़, मूल और इष्ट मित्रों सहित विनष्ट हो जाता है।

ऋषि गृत्स्मद और उनका दर्शन

मंडल दो इस अर्थ में अधिक सुव्यवस्थित है कि इसमें अनेक द्रष्टा ऋषियों के स्थान पर मुख्य ऋषि गृत्स्मद और उनकी विचारधारा के दो अन्य ऋषियों के ही मंत्र संकलित हैं । यह ध्यान देने योग्य है कि इन ऋषियों द्वारा यद्यपि समान देवताओं की प्रार्थनाएं की गई हैं क्योंकि समाधि का अनुभव एक ही आध्यात्मिक लक्ष्य की ओर ले जाता है, तथापि यह भी दृष्टव्य है कि ऐसी प्रार्थनाओं में ऋषियों की विशेषता भी परिलक्षित रहती है । आचार्य विनोबा भावे के अनुसार ऋषि गृत्स्मद गणेश जी के बड़े भक्त हैं । उनके द्वारा इस कथन की पुष्टि में सूक्त २३ के इस मंत्र २१६ की ओर ध्यान आकृष्ट किया गया है -

गणानां त्वा गणपतिं हवामहे

इस ऋषि के नाम के दोनों भाग प्राणायाम की प्राण और अपान क्रिया के ही द्योतक हैं जिसका कि गणेश जी से निकट का संबंध है । गणेश जी के मुख से जुड़ी हुई हाथी की सूंड़ प्राणायाम की इसी क्रिया का एक ठोस प्रतीक है । श्री गृत्स्मद गणित शास्त्र के ज्ञाता एवं कृषि विशेषज्ञ भी थे । विनोबा जी का कहना है कि वे अनुमानतः महाराष्ट्र प्रांत के यवतमाल के रहने वाले थे । इस क्षेत्र में जो कि नर्मदा और गोदावरी नदी के बीच में पड़ता है उस समय कपास की खेती होती थी । उस समय के लोग कपड़े बुनने का भी काम करते थे । यही कारण है कि मंत्र ३८१ में सूर्य के अस्त होने पर ग्रामीण स्त्री द्वारा आधे बुने कपड़े को समेटने का उल्लेख हुआ है-

पुनः समव्यद् वित वयन्ती (३८१)

ऋषि ने वरुण देवता से एक विशेष प्रार्थना भी की है कि वह उच्च कार्य में लगे ऋषि के जीवन तंतुओं का बीच में ही विच्छेद न करे-

मा तंतुश्छेदि वयतो धियं मे (२८१)

इस ऋषि का गणितीय क्षेत्र में योग विशेष रूप से उल्लेखनीय है । इन दिनों श्री भारतीकृष्ण तीर्थ के वैदिक गणित की सब तरफ काफी चर्चा की जाती है । इसे अथर्ववेद के आधार पर प्रणीत कहा गया है । ऋषि गृत्स्मद ने मंडल दो में दो और दस के पहाड़े के साथ साथ दशमलव की जानकारी का भी परिचय दिया है । वे इन्द्र से प्रार्थना करते हैं कि वे दो घोड़ों के रथ में बैठकर उनके पास आयें और इस बहाने वे पूरा दो का पहाड़ा इन्द्र को सुना देते हैं । यदि इन्द्र को दो के पहाड़े में आये इन घोड़ों की संख्या प्रिय नहीं है तो इसे वह दस के पहाड़े से भी चुन सकते हैं और यह संख्या सौ तक गिनाई जाती है -

आ द्वाभ्यां हरीभ्यामिन्द्र या हया चतुर्भिरा षड्भिर्हयमानः
आष्टाभिर्दशभिः सोमपेयं अयं सुतःसुमुख मा मृधस्कः
आ विशत्या त्रिंशता याह्यर्वागं आ चत्वरिंशता हरिभिर्युजानः
आ पंचशता सुरथेभिरिंद्र आ षष्ट्या सप्तया सोमपेयम्

आशीत्या नवत्या याहर्‌वांग आ शतेन हरिभिरुह्यमानः

अयं हि ते शुनहोत्रेषु सोमः इन्द्र त्वाया परिषिक्तो मदाय (२.१८२-१८४)

गृत्स्मद अगिरा वंश के शुनहोत्र के पुत्र थे। वे इन्द्र के बड़े मित्र थे। एक बार उन्होंने इन्द्र को बचाने के लिए अपने आपको दैत्यों द्वारा पकड़ा जाना तक स्वीकार कर लिया। इन्द्र इससे बहुत प्रसन्न हुए और उन्हें दूसरा नाम शौनक प्रदान किया। महाभारत के अनुशासन पर्व में प्राप्त उल्लेख के अनुसार गृत्स्मद राजा वीतहव्य के पुत्र थे। एक समय इस राजा ने अपने आपको काशी के राजा प्रतर्दन से बचाने के लिए भृगु ऋषि के आश्रम में छुपा लिया। जब प्रतर्दन वहां पहुंचे तो ऋषि ने यह घोषणा की कि वहां कोई योद्धा नहीं है जिसके परिणामस्वरूप राजा वीतहव्य का वंश परिवर्तित होकर उन्हें ऋषि पद प्राप्त हो गया। इनके पुत्र रूप में जन्मे गृत्स्मद एक सन्यासी हुए। इनका कुल का नाम इसी कारण आंगिरस भार्गव भी पड़ा।

मंडल दो के सूक्त १९ के मंत्र ८ में यह ऋषि इन्द्र की उदात्त शब्दों में प्रार्थना करता है। इसके अनुसार जिन लोगों को अभिमान नहीं रहता (गृत्स्मद के नाम का एक अर्थ अभिमान रहितता भी है) वे इन्द्र को सहायता के लिए बुलाते हैं तथा इन्द्र उन्हें निश्चित रूप से धन धान्य और ख्याति देते हैं। सूक्त ३९ के मंत्र ८ में यह ऋषि अश्विनी कुमारों से भी प्रार्थना करता है तथा उसका अनुरोध है कि वे देवता उसे धन और ख्याति प्रदान करें।

मंडल दो की एकसूत्रता कुछ विद्वानों को इस निष्कर्ष पर पहुंचाती है कि यह मंडल संभवतः मंडल एक के पहले का संकलन है। इस मंडल के ऋषि गृत्स्मद की दृष्टि भी बहुत व्यापक है। उदाहरण के लिए अग्नि उनकी दृष्टि में कोई भौतिक वस्तु ही नहीं है वह इन्द्र, विष्णु और ब्रह्मा है। इसी प्रकार यज्ञ भी किसी एक व्यक्ति के लौकिक लाभ का कार्य नहीं होता। यज्ञ में की गई आहुतियों से संपूर्ण धरती और आकाश का पोषण होता है। इस प्रकार इस मंडल के ऋषि ने लोक और परलोक दोनों के समन्वय की उल्लेखनीय चेष्टा की है।

द्वितीय मंडल के महत्वपूर्ण सूक्त-संदेश

१. विद्वान पुरुष श्रेष्ठ कार्य करने वालों को उच्च पद प्रदान करते हैं ।

२. हम ज्ञान प्राप्त कर महान बनें ।

३. देवताओं और मनुष्य के शत्रु हमारे ऊपर शासन न करें ।

४. विद्वद्जन धैर्यपूर्वक सत्कर्म करते हैं ।

५. सदाचरण कभी भी हमारा साथ नहीं छोड़े ।

६. मनुष्य बहादुरी और साहस से प्रगति करता है ।

७. जो हमें दबा के रखता है वह कभी हमारा शासक न हो ।

८. हम अपने श्रेष्ठ ज्ञान के द्वारा अपने दुःखों का निवारण कर सकें ।

९. एक आडम्बरी व्यक्ति जीवन में कभी सफल नहीं हो सकता ।

१०. हमारे शब्द प्रेम और अनुग्रह से परिपूर्ण हों ।

११. हम सच्चरित्र रहकर अपने पापों का परिमार्जन करें ।

१२. देवता सत्याचरण और अपनी स्पष्टता के कारण महान हैं ।

१३. संसार के परिपूर्ण अनुभव के लिए हमारा जीवन दीर्घ हो ।

१४. एक दानी अपने दान द्वारा सदाचरण के ऊपर उठ जाता है ।

१५. मैं विस्तृत और भयरहित प्रकाश में रहूं ।

१६. अंधकार कभी हमें पराजित न करे ।

१७. बहादुर लोग अपने शत्रुओं पर विजय कर इस संसार तथा संसार के परे भी सुख प्राप्त करते हैं ।

१८. धन संचय करते हुए मुझमें कभी अभिमान न आये ।

१९. मैं अपने विकास के लिए अच्छे कर्तव्य करूं ।

२०. मनुष्य ख्याति प्राप्त करने के लिए सत्कर्म करते हैं ।

२१. हे रुद्र, आप अपनी औषधियों के द्वारा मुझे सौ वर्ष की आयु प्रदान करें ।

२२. वही अग्नि जल में भी बिना ईंधन के दमकता है ।

२३. प्रतिदिन उदय होकर सूर्य मनुष्यों को निरंतर कार्य करने की प्रेरणा देता है।

२४. मंगल और कल्याणकारी वचन बोलने वाला व्यक्ति ही सभा को संबोधित करे।

१. सुदंससं देवाः बुध्ने एरिरे (१९)

२. ब्रह्मणा सुवीर्यं जनान् अति चितयेम (२६)

३. देवस्य मर्त्स्य च अरातिः न मा ईशत (६७)

४. अवस्यवः वयुनानि तक्षुः (१९५)

५. भगः नः मा अति धक् (२०५)

६. वीर्यैः साकं वृद्धः (२१४)

७. दुशसः अभि-दिप्सुः नः मा ईशत (२२५)

८. मतिभिः प्र तारिषीमहि (२२५)

९. सः अरणः नकि (२४१)

१०. इमाः गिरः: धृतस्नू (२६०)

११. प्रणीतौ दुरितानि परि वृज्यां (२६४)

१२. वः महित्वं ऋतेन महि (२६७)

१३. विचक्षे सुधितानि आयूंषि अश्याम (२६९)

१४. वसुदावा विदथेषु प्रथमः याति

१५. उरु अभयं ज्योतिः अश्याम् (२७३)

१६. दीर्घाः तमिस्त्राः नः मा अभिनशन् (२७३)

१७. पृत्सु आजयन् उभा क्षयौ याति (२७४)

१८. सुयमात् रायः मा अवस्थाम् (२७६)

१९. एता उत् यता वशिम (३१२)

२०. आयवः नव्यसे सं अतक्षन् (३१२)

२१. त्वा दत्तेभिः शंतमेभिः भेषजेभिः शतं हिमाः अशीय (३२२)

२२. सः अप्सु अनिध्मः दीदाय (३५४)

२३. स्यः देवा सविता सवाय शश्वत्तमं अस्थात् (३७८)

२४. सुमंगलः भद्रवादी इह वद (४२५)

तृतीय मंडल

इस मंडल के ऋषि, उनके द्वारा विरचित सूक्त और मंत्रों की स्थिति निम्नानुसार है-

ऋषि	सूक्त	मंत्र
गाथिन विश्वामित्र	४६	४६६
गाथी कौशिक	४	२०
प्रजापति वैश्वामित्र	४	६२
ऋषभ वैश्वामित्र	२	१४
कात्य उत्किल	१	१३
कतो वैश्वामित्र	२	१०
देवश्रवा देवराट		५
कौशिक येशीरथी	१	२२
नदी	१	४
घोर अंगिरस		१
योग	६२	६१७

जहां तक मंत्रों का देवताओं से सम्बन्ध है, तत्सम्बन्धी स्थिति निम्नानुसार है-

१. इन्द्र- २२९, २. अग्नि- १८६, ३. विश्वेदेवा- ३४, ४. वैश्वानर अग्नि- २९, ५. आप्री सूक्त- ११, ६. अश्विनी कुमार- ९, ७. इन्द्र अग्नि- ९, ८. मित्र- ९, ९. यूप-९, १०. नदी- ८, ११. उषा- ७१२. अभिशप- ४, १३. ऋभु- ४, १४. रथान्गा - ४, १५. इन्द्र ऋभव- ३, १६. इन्द्र वरुण- ३, १७. पूषा- ३, १८. बृहस्पति- ३, २४. आत्मा- २, २५. वाक्- २, २६. अग्नि इन्द्र- १, २७. इन्द्र पर्वत- १, २८. ऋतु- १, २९. ऋत्विज- १, ३०. पृष्य अग्नि- १, ३१. विश्वामित्रोपाध्याय- १, ३२. बृश्चन- १

विश्वामित्र

तृतीय मंडल के मुख्य द्रष्टा ऋषि विश्वामित्र हैं। शेष अन्य ऋषि इसी ऋषि कुल और समूह के हैं। इस ऋषि के सम्बन्ध में पुराणों में नाना संदर्भ भरे पड़े हैं। वे जन्मना तो एक क्षत्रिय थे किन्तु उन्होंने अपने तपवल से ब्राह्मणत्व प्राप्त कर लिया था। पुराणों में उन्हें इसी कारण बड़े उग्र चरित्र का चित्रित किया गया है। इस मंडल के मंत्र २१९ में वे अपने आपका परिचिय देते हुए बताते हैं कि ' मैं अग्नि से उत्पन्न हूं, मेरी आंख में प्रकाश और मेरी जीभ में मधु स्थित है' -

अग्निरस्मि जन्मना जातवेदा घृतं मे चक्षुरमृतं म आसन्।

वे मानते हैं कि अग्नि से उनका सम्बन्ध एक जीवन का न होकर नाना जन्मों का है। उन्होने जन्म जन्मान्तरों में सदा अग्नि प्रज्वलित रखी है -

जन्मन्जन्मन् निहितो जातवेदा (३.२१)

विश्वामित्र वेद के गायत्री छंद में प्रणीत प्रतिनिधि सविता मंत्र (जिसे सामान्यतया लोग गायत्री मंत्र के नाम से ही जानते है) के भी द्रष्टा हैं जो इस प्रकार है-

तत् सवितुर्वेरेण्यं भर्गो देवस्य धीमहि धियो योनः प्रचोदयात् (३.६२.१०)

श्री कृष्ण गीता के दशम अध्याय में अपनी विभूतियो का परिचय देते हुए कहते हैं कि 'छन्दों में मैं गायत्री छन्द हूं' - गायत्री छन्दसामहम् (१०.३५)। इस मंत्र की प्रसिद्दि और सिद्दि अनुपम है। इस मंत्र की छंद पर आधारित पहचान के कारण एक अलग शक्ति 'वेदमाता गायत्री' का भी उल्लेख होने लगा है। इस मंत्र के साथ ही हिन्दू संस्कार सम्पन्न होते हैं। यह भी कहा जाता है कि इस मंत्र के चौबीस अक्षरों के आधार पर ही आदि कवि वाल्मीकि ने २४ हजार मंत्रों से युक्त रामायण की रचना की।

पुराणों में विश्वामित्र की कथा बहुत विस्तार से वर्णित है। उनकी ऋषि वशिष्ठ से प्रतिद्वन्द्विता इनमें से अनेक कथाओं का आधार है क्योंकि विश्वामित्र तप द्वारा ब्रह्मज्ञान प्राप्त कर वशिष्ठ के समकक्ष ठहरना चाहते थे। वशिष्ठ ने इसी सामर्थ्य के सहारे विश्वामित्र को पराजित किया था। इस मंडल के सूक्त ५३ में इसका संदर्भ प्राप्त होता है। सायण ने इसकी व्याख्या इस प्रकार की है -' भरत के पुत्र इनके विरोध को समझते हैं। वे उनके विरुद्ध अपने अस्त्रों और धनुष को प्रयोजित करते हैं।'

इस ऋषि के जन्म के सम्बन्ध में सूक्त २६ के मंत्र २-३ में कहा गया है कि वे कुषिक के कुल में उत्पन्न एक क्षत्रिय थे। सूक्त ३३ के मंत्र ५ में विश्वामित्र स्वयं भी अपने आप को कुषिक का पुत्र बताते हैं। कुछ व्याख्याकारों के अनुसार विश्वामित्र राजा सुदास के पुरोहित थे। इस सूक्त में जब वे व्यास और सतलज से मार्ग की याचना करते हैं तो उनका ध्येय अपने राजा को पंजाब के तत्कालीन राजा सम्वर्ण पर आक्रमण के लिए सेनाओं को ले जाने में सहयोग करना था। सायण का मत यह है कि सुदास से प्राप्त प्रचुर संपदा को उत्तर में ले जाना ही उनका ध्येय था।

विश्वामित्र की वशिष्ठ से प्रतिद्वंद्विता की कथा का विस्तार वशिष्ठ पुत्र शक्ति की हत्या तक पहुंचता है। राजा सुदास के एक यज्ञ में शक्ति विश्वामित्र की वाणी को ही स्तंभित कर देते है। इसका प्रतिकार विश्वामित्र सर्परी विद्या के आधार पर करते हैं।

मंडल तीन की विशेषतायें

इस मंडल की उल्लेखनीय विशेषताओं को इन शीर्षों में वर्णित किया जा सकता है -

भारतीयता और राष्ट्र गौरव

वैदिक ऋषियों को भारत और भारतीयता से बहुत प्रेम है। वे चाहते हैं कि इस धरती के लोग दूसरों को संतोष पहुंचानेवाली भाषा बोलें। वे अपनी वीरता के आधार पर अपने शत्रुओं को पराभूत करने की शक्ति रखते थे। जब सतलज और व्यास ने ऋषि को मार्ग प्रदान कर दिया तो उसकी प्रार्थना है कि वे आगे भी भारतीयों को इसी प्रकार से पथ प्रदान करें। इस प्रकार उन्होंने पूरे भारतवर्ष के लिए ही मार्ग सुगम कर दिया-

अ॒तारिषुर्भरता गव्यवः समभक्त विप्रः सुमति नदीनाम् (३३१)

ज्ञान की श्रेष्ठता

ज्ञान मनुष्य की श्रेष्ठतम संपदा है । ज्ञान के द्वारा ही मनुष्य सुख अर्जित कर सकता है । वास्तव में ज्ञान ही किसी मनुष्य को शासन करने की क्षमता प्रदान करता है । एक ज्ञानी मनुष्य का अन्य ज्ञानी जन भी अनुगमन करते हैं । ज्ञान व्यक्ति और समाज दोनों के ही लिए आवश्यक हे । यह ज्ञान भारत और भारतीयता का संरक्षक है-

इदं ब्रह्म भारतं जनं रक्षति (४९७)

कर्तव्य का महत्व

वैदिक जीवन में कर्तव्य और कर्म का बड़ा महत्व है । यह पूर्ण सामाजिक जीवन की एक अनिवार्य स्थिति है । आलसी मनुष्य जीवन में कुछ प्राप्त नहीं कर सकता । दूसरों की उपलब्धियों पर अश्रित मनुष्य के हाथ निराशा ही लगती है । इस मंडल के मंत्र १७ में घोषणा की गई है- यस्मिन् अपांसि तस्मिन् सुमनानि अर्थात् विश्रान्ति कर्म में ही मिलती है ।

यह भी आवश्यक है कि हममें सही रीति से कर्म करने की कुशलता हो । ऐसे व्यक्तियों के द्वारा किया गया कर्म सर्वदा श्रेष्ठ रहता है । मंत्र २३० में कहा गया है कि कुशलता पूर्वक कर्म करने वाले मनुष्य उच्च पदस्थता प्राप्त करते हैं । उच्च कर्म करने वाले व्यक्ति ख्याति प्राप्त करते हैं- महद्भिः कर्मभिः सुश्रुतः (३५५) । विश्वामित्र इतना कहकर ही नहीं रुकते हैं । उनकी इस मंडल में घोषणा यहां तक है- सुकृत्या अमृतत्वं एरिरे (५८८) ।

ऋत पथ का अनुशासन

ऋत पथ सभी के लिए अनुपालनीय है । यह वैदिक सभ्यता का महत्वपूर्ण 'अनुव्रत' (मंत्र ५६) है । सभी लोगों को प्रातःकाल जल्दी उठ जाना चाहिए । प्राचीन ऋषियों द्वारा प्रशस्त पथ यही है । बुद्धिमान लोग इसी का अनुशरण करते हैं । एक सत्यवक्ता बहुत शीघ्र ख्याति प्राप्त कर लेता है । जो सत्य मार्ग पर चलते हैं, सत्यवक्ता की सामर्थ्य भी उन्हें प्राप्त हो जाती है। धन भी यदि सुनीति से अर्जित किया जाता है तभी वह लम्बे समय तक सुरक्षित बच पाता है । इस प्रकार नीति और नय के मार्ग पर चलना अपने आप में एक पुरस्कार है । ऋषि विश्वामित्र की इन्द्र से एक प्रार्थना है कि वह हमारी वाणी की ऋत में प्रतिष्ठा करे ताकि हम सभी बुराइयों से परे रह सकें ।

स्त्रियों का सम्मान

वैदिक द्रष्टाओं की मान्यता थी कि स्त्री और पुरुष समभाव से रहें और उनके परिवार में शान्ति तथा सौहादर्य बना रहे । पुरुष का स्त्री को यथेष्ट सम्मान देना उसका परम कर्तव्य है । विश्वामित्र की तो घोषणा है कि स्त्री ही घर है - जाया इत अस्तं ।

संतति का आज्ञाकारी होना भी संसार का एक बड़ा सुख है । वैदिक ऋषि की कामना थी कि पुत्र वीर, धर्मप्राण, सुयोग्य और देवमार्ग पर चलने वाला हो -वीर कर्मण्यः सुदक्षः देवकामः जायते । इसके लिए देवताओं की सहायता की भी कामना की गई है । विश्वामित्र का परामर्श है कि अग्नि से दीर्घ जीवी पुत्र प्राप्ति की कामना की जानी चाहिए ।

तृतीय मंडल के महत्वपूर्ण सूक्त-संदेश

१. बिना किसी लज्जा की स्थिति में अर्जित धन ही सराहे जाने योग्य है ।

२. कर्म में ही सुख शान्ति है ।

३. सत्य मार्ग पर चलना ही श्रेष्ठ व्रत है ।

४. सरस्वती सरस्वती की सहयोगिनी होती है ।

५. हमारी सन्तान बहादुर, योग्य और देवत्व कामी हो ।

६. जो प्रातःकाल शीघ्र उठता है वह मनीषियों की तरह उच्च पदस्थ होता है ।

७. ज्ञान से ही सुख मिलता है ।

८. चैतन्य पुरुष सदा प्रसन्न रहता है ।

९. ज्ञानवान ही शासन करने योग्य है ।

१०. एक अच्छा शासक पिता और मित्र की भांति होता है ।

११. तुम्हारी सद्बुद्धि दूसरों की हितकारी बने ।

१२. महान कर्म ही हमें महान बनाते हैं ।

१३. हमें सदैव चैतन्य और जाग्रत रहना चाहिए ।

१४. मनुष्य को सुरक्षा के नित नवीन साधन जुटाना चाहिए ।

१५. ज्ञान मनुष्य का शीर्ष है ।

१६. स्त्री ही वास्तविक भवन है ।

१७. ताकतवर कमजोर को न सताए ।

१८. दूर दृष्टि महानता देती है ।

१९. हम ऐसे मार्ग पर न चलें जो हमारी सन्तान को अभीष्ट न हो ।

२०. सभी औषधियां और भोजन मधुर बनें ।

२१. हमारा प्रत्येक दिन प्रकाशवान और सुखकर हो ।

१. अन्हयं वाजं ऋग्मियं (२७)
२. यस्मिन् अपांसि, तस्मिन् सुम्नानि (४१)
३. ऋतं अनु व्रतं इति आहुः (५६)
४. सरस्वती सारस्वतेभिः(५७)
५. वीरः कर्मण्यः, सुदक्षः, देवकामः जायते (५८)
६. उषसः चेकितानः कवीनां पदवीः अवोधि (६१)
७. शूषं प्रविदा (८८)
८. तृष्टं ववक्षति सुमना अस्ति (१०७)
९. विप्रः एषां यन्ता (१४३)
१०. सखा इव पितरा इव साधुः भव (१७३)
११. ते सुमतिः भद्रा (२६५)
१२. महद्भिः कर्मभिः सुश्रुतः (३५५)
१३. सद्यः जातः वृषभः कनीनः (४५१)
१४. नूतनस्य अवसः बोधि (४७१)
१५. ब्रह्मणा शिरः (४७७)
१६. जाया इव अस्तं (४८९)
१७. वाजिना अवाजिनं न हासयन्ति (५०८)
१८. कवयः नाम महत् चारु (५२६)
१९. नः गन्तोः अनपत्यानि युयोत (५२७)
२०. ओषधीः मध्वा सं पिपृक्त (५३०)
२१. विश्वा अहा नः दिदीहि (५)

चतुर्थ मंडल

मंडल चार के मुख्य द्रष्टा ऋषि वामदेव हैं। वे इस मंडल के ५८ सूक्तों में से ५५ सूक्तों के प्रणेता हैं। दो अन्य ऋषियों के नाम हैं त्रसदस्यु पौरुकुत्स्य और पुरुमिल सौहौत्र जिनके द्वारा क्रमशः १ और दो सूक्तों की ही रचना की गई है। जहां तक मंत्र रचना का संबंध है, वामदेव द्वारा ५६२, त्रसदस्यु द्वारा १० और पुरुमिल सौहौत्र द्वारा १४ मंत्र रचे गए हैं। दो मंत्र इन्द्र तथा १ मंत्र के द्रष्टा अदिति हैं। विभिन्न देवताओं से संबंधित मंत्रों की संख्या और स्थिति निम्नानुसार है -

१.	इन्द्र	१९३
२.	अग्नि	१२६
३.	ऋभ	१४८
४.	अश्विनी कुमार	२३
५.	दधिक्र	१९
६.	उषा	१८
७.	इन्द्र-वरुण	१५
८.	रक्षोह-अग्नि	१५
९.	वैश्वानर-अग्नि	१५
१०.	सविता	१३
११.	अग्नि-सूर्य-आप	११
१२.	विश्वेदेवा	१०
१३.	इन्द्र-वायु	९
१४.	बृहस्पति	९
१५.	इन्द्र-बृहस्पति	८
१६.	द्यावा-पृथिवी	८
१७.	शयेन	८
१८.	वायु	७
१९.	त्रसदस्यु	६
२०.	वामदेव	५
२१.	अग्नि-वरुण	४
२२.	इन्द्र-उषा	३
२३.	ऋत	३

२४. क्षेत्रपति	३
२५. इन्द्रस्वा	२
२६. शुनासीर	२
२७. सिता	२
२८. सोमक सहदेवता	२
२९. शुनः	१
३०. सूर्य	१

ऋषि वामदेव का संद्रष्ट संसार

ऋषि वामदेव गौतम के पुत्र थे अतः उनका पूरा नाम वामदेव गौतम है। सूक्त २६ के मंत्र १ में वे अपना परिचय देते हुए कहते हैं - ' मैं मनु के रूप में उत्पन्न हुआ। सूर्य के रूप में मैं ऋषि कक्षीवान हूं। मैंने अर्जुनी के पुत्र कुत्स को सुयोग्य बनाया। मैं दूर द्रष्टा कवि उसना हूं।'१ वामदेव के कथन में तब कुछ रहस्य दिखाई पडता है जब वे कहते हैं कि उन्होने अपनी माता की गर्भावस्था में ही यह जान लिया था कि देवताओं की उत्पत्ति किस प्रकार से हुई।२ इस ऋषि को पूर्ण सत्य का जैसे साक्षात्कार हुआ था। वे एक बड़े जातिस्मर भी थे। उन्हें विदित था कि वे पूर्व जन्म में मनु और सूर्य थे। वे मनुष्य के तीन प्रकार के जन्म की बात करते हैं। प्रथम जन्म गर्भाधान काल में होता है। द्वितीय माता के गर्भ से बाहर आने के समय का है तथा तीसरा जन्म मनुष्य की मृत्यु के बाद पुनर्जन्म के अवसर पर होता है। इस प्रकार उन्हें विदित था कि वस्तुतः जन्म और मृत्यु मनुष्य के शरीर की ही होती है। आत्मना तो मनुष्य अमर ही है। वे इस तरह अपने देहान्तरण की कल्पना एक पिंजरे से उड़ रहे पक्षी के रूप में करते हैं। इस प्रकार उन्होंने अपना जन्म माता के गर्भ से न लेते हुए उसके पार्श्व भाग से लिया।३

वामदेव सत्य मार्ग के बहुत गम्भीर अन्वेषक हैं। उनके मंत्रों में रहस्य का गहरा पुट है। वे अद्वैत के पहले प्रणेता कहे जा सकते हैं। उनकी घोषणा है- मैंने ही आर्यो के निवास के लिए पृथिवी की रचना की। मैं यज्ञकर्ताओं के लिए जल की वर्षा करता हूं। मैंने नदियों को उनके प्रवाह की दिशा दी है। सभी देवता मेरे बताए ज्ञान मार्ग पर चलते हैं।४

वामदेव महारज दशरथ के पुरोहित थे। वाल्मीकि रामायण और तुलसीदास रामचरित मानस में इस तथ्य का उल्लेख हैं। किन्तु सूक्त १६ में एक राजा कुत्स का उल्लेख किया गया है। वह रुरु का पुत्र था। एक बार जब शत्रुओं ने कुत्स को पराजित कर दिया तो रुरु ने इन्द्र की प्रार्थना की। इन्द्र ने प्रकट होकर कुत्स के शत्रुओं को पराजित किया। इस प्रकार वे बहुत अच्छे मित्र बन गए। इन्द्र कुत्स को स्वर्गलोक भी ले गए तथा उसे इन्द्रासन पर बिठाया। इस द्रश्य ने इन्द्र की पत्नी शची को बड़े भ्रम में डाल दिया। वामदेव इन्द्र के इस मैत्री भाव के विशेष प्रशंसक हैं।

इस मंडल का ५७वां सूक्त वैदिक सूक्तों में अत्यधिक अविज्ञेय है । बाह्य द्रष्टि से यह घृत की स्तुति है किन्तु अग्नि, आप, गो और सूर्य इसके देवता हैं । इसकी रहस्यात्मकता से विभ्रमित विल्सन ने तो यहां तक कह दिया कि यह वैदिक सूक्तों की अस्पष्टता का ही एक नमूना है । वामदेव इसमें दो समुद्रों की बात करते हैं । उनका कहना है कि समद्र से एक मधुरिम उर्मि ऊपर उठती है जिससे सोम को अमरता प्राप्त होती है । यह घृत का ही एक रहस्य आकार है । यह देव जिह्वा भी है । यह अमरत्व की नाभि है ।

यह सब अभिधार्थ में समझ पाना बहुत कठिन हे । श्री अरविंदो ने इसकी व्याख्या करते हुए वेद रहस्य में लिखा है-' निश्चित ही वामदेव हिन्द महासागर या बंगाल की खाड़ी या कि गंगा अथवा सिन्धु से निकली किसी अमृत धारा की यहां बात नहीं कर रहे हैं । उनका आशय यह है कि हमारे अवचेतन से ही अमृत का प्रवाह ऊपर उठता है । यह अमृत ही आनन्द चेतना है ।'

इस सूक्त में आगे ऋषि कहता है कि स्रष्टा के चार सींग, तीन पांव, दो शिर और सात हाथ हैं । इन संकेतों को सूर्य, अग्नि और भाषा के संदर्भ में व्याख्यायित किया गया है । चार श्रृगों को चार वेद, तीन पांव तीन कालों के यज्ञ, दो शिर दिन और रात तथा सात हाथ वेद की सात ऋचायें अथवा सूर्य की सात किरणों की प्रतीक भी कही जाती हैं । इस मंडल के कुछ उल्लेखनीय विषय इस प्रकार हैं-

यज्ञ की महिमा

वामदेव यज्ञ विधान और कर्मकांड के आचार्य हैं । वे स्वयं राजा दशरथ के प्रधान याज्ञिक थे । वे इस मत के प्रतिपादक थे कि एक याज्ञिक ही ज्ञान का अधिकारी है । यज्ञकर्ता महान और पूजनीय है । इसके अनुष्ठान द्वारा ज्ञानी और भी ज्ञानवान बन जाता है ।

याज्ञिक कर्मकाण्ड में तीन क्रियायें निहित हैं -देवाराधन, सत् संगति और दान । देवाराधन देवताओं के अनुग्रह के लिए आवश्यक है ताकि मनुष्यों को संसार और संसारेतर लाभ प्राप्त हो सके । सत् संगति से ज्ञान में बृद्धि होती है तथा दान से समाज के जरूरतमंद लोगों की आवश्यकता की पूर्ति होती है ।

इन्द्र की महानता

इन्द्र के एक निकट मित्र होने के कारण वामदेव इन्द्र के बड़े प्रशंसक हैं । इन्द्र ! 'त्वं महान्' (११८६) उनकी घोषणा है । इन्द्र इतने महान हैं कि वह एकाकी ही अनेकों शत्रुओं को पराजित कर सकते हैं । इन्द्र के उग्र होने पर समस्त जड़ और चेतन संसार कांपने लगता है । इन्द्र की यह शक्ति जन्मजात है । उनके जन्म के पश्चात् उन्हें पराजित करने वाला कोई पैदा ही नहीं हुआ । इन्द्र केवल बहादुरी प्रिय ही नहीं है । उन्हें सभी अच्छे काम करन वाले प्रिय हैं-
इन्द्रे सुकृत मनायुः, सुप्रावी प्रियः (२९०)

१ अहं मनुरभं सूर्यश्च ऽहं कक्षीवां ऋषिरस्मि विप्रः
अहं कुत्समार्जुनेयं न्यृंजे ऽहं कविरुशना पश्यता मा (२९४)

२ गर्भे नु सन्नन्वेषामवेदं ऽहं देवानां जनिमानि विश्वा (३०१)

३ नाहमतो निरया दुर्गहैतत्तिरश्चता पार्श्वान्निर्गमाणि (२०८)

४ अहं भूमिमददामार्याया ऽहं वृष्टिं दाशुषे मर्त्याय अहमपो अनयं वावशाना मम देवासो अनु केतमायन् (२९५)

मंडल चतुर्थ के महत्वपूर्ण सूक्त-संदेश

१. हममें दानशीलता हो, कृपणता नहीं ।
२. अग्नि उपासक के सभी दिन श्रेष्ठ हैं ।
३. मनीषियों का श्रेष्ठ ज्ञान वर्णनीय है ।
४. तुम धरती और आकाश में स्थित सभी निधियों के अधिपति हो ।
५. सन्मार्ग पर चलकर ही समृद्धि मिलती है ।
६. सुस्वादु भोजन से मनुष्य की सुन्दरता में वृद्धि होती है ।
७. देवाराधना और सत्कर्म से स्वर्ग मिलता है ।
८. अग्नि कविता, ज्ञान और सूक्तों का उद्‌गम है ।
९. संसार का स्वामी सर्वत्र संपूज्य है ।
१०. जन कल्याण की कामना से ज्ञानियों के पास जाओ ।
११. समान मत के लोगों के साथ चलना चाहए ।
१२. उदीयमान सूर्य को दीर्घकाल तक देखना चाहिए ।
१३. आलसियों के देवता मित्र नहीं होते ।
१४. सत्कर्मों से मनुष्य देवत्व प्राप्त करता है ।
१५. मनुष्य को अपने सत्कर्मों का फल मिलता ही है ।
१६. आकाश और पृथिवी का निर्माता एक परमात्मा इनमें परिव्याप्त है ।

१. दितिं रास्व अदितिं उरुष्य (३१)
२. विश्वानि दिनानि सु (६२)
३. मनीषां महि साम प्र वोचत् (७४)
४. दिवि पृथिव्यां यत् द्रविणं अस्य त्वं क्षयसि (८२)
५. अध्वनः परमं (८३)

६. अरूक्षितं अन्नं रूपः (१३३)

७. वेपसा गृणते खं (१३४)

८. काव्या मनीषाः राध्यानि उक्था त्वत् जायन्ते (१३५)

९. यः विश्वा भुवना अभि बभूव अमितं ववक्ष (६९)

१०. नृमणः कविं अच्छ गा (१७३)

११. सरूपा स्वे योनौ निषीदतम् (१७४)

१२. उच्चरन्तं सूर्यं ज्योक् पश्यात् (२८९)

१३. न ऋते श्रान्तस्य सख्याय देवा (३८९)

१४. सुकृत्या देवासः अभवत् (४०८)

१५. धीभिः सनिता (४२४)

१६. य इमे द्यावापृथिवी जजान सः इत् सुअपाः भुवनेषु आस (५६६)

पंचम मंडल

यद्यपि इस मंडल के द्रष्टा ऋषियों की कुल संख्या ४३ है किन्तु ऋषि अत्रि मंडल पंचम के मुख्य द्रष्टा हैं और शेष ऋषि इसी एक परिवार के हैं । इसके कुल सूक्तों की संख्या ८७ और मंत्रों की संख्या ७२७ है । जहां तक विभिन्न देवताओं से सम्बन्धित मंत्रों की स्थिति का प्रश्न है, वह इस प्रकार है -

देवता	सूक्त
१. अग्नि	१८४
२. विश्वेदेवा	१२०
३. मरुत	११८
४. इन्द्र	१०२
५. मित्रावरुण	५९
६. अश्विनी कुमार	१४८
७. उषा	१६
८. सविता	१४
९. आप्रीसूक्त	११
१०. पर्जन्य	१०
११. वरुण	८
१२. इन्द्राग्नि	७
१३. अत्रि	४
१४. पृथिवी	३
१५. सूर्य	१
१६. रुद्र	१
१७. वायु	१

ऋषि अत्रि और उनकी संदृष्टि

ऋषि अत्रि की प्रधानता के कारण मंडल चार को आत्रेय कहा गया है । ये वेद और पुराणों में अतिशय ख्यात महत्वपूर्ण ऋषि हैं । भागवत पुराण में अत्रि के ब्रह्मा की आंख से प्रकट होने का उल्लेख किया गया है । इनकी पत्नी का नाम अनसूया था जो बहुत पति परायणा थीं । शाब्दिक आधार पर अत्रि का अर्थ सत्, रज और तमस को जीत लेने वाले त्रिगुणातीत से है । अनसूया का अर्थ ईर्ष्याहीनता है । इस दम्पति को पुराणों में इतना महत्व दिया गया है कि ब्रह्मा, विष्णु और महेश ने इनका शिशु भी बनना स्वीकार कर लिया ।

ऋग्वेद मंडल १ के सूक्त ५१ और ११२ में अत्रि को अश्विनीकुमारों के दैवी संरक्षण में स्थित बताया गया है। एक बार जब वे गहरी समाधि में थे तो दैत्यों ने उन्हें ले जाकर एक अग्निकुंड में डाल दिया। इन देवताओं ने उस समय इनकी रक्षा की। दशम मंडल(१०.१४१.१) में भी कहा गया है कि जब गहन तप के कारण ये ऋषि बहुत कृषकाय हो गए तो इन देवताओं ने उन्हें युवावस्था प्रदान की।

इस मंडल में यह उल्लेख आया है कि अत्रि को सामान्य जन का बहुत पक्ष लेने के कारण इन्हें कारावास में डाल दिया गया था (५.६६)। इसमें उनके दो पुत्रों के नामों का भी उल्लेख मिलता है। इस मंडल का सूक्त ५१, जिसके द्रष्टा ऋषि स्वस्ति आत्रेय हैं, विशेष ध्यान देने योग्य है। इसके मंत्र ११ से १५ में समस्त मानव जाति की मंगल कामना की गई है। इन मंत्रों को कल्याण, मंगल, और श्रेय सूक्त आदि अनेक नामों से जाना जाता है। किसी भी शुभ कार्य के संपादन के अवसर पर ब्राह्मण इनका अवश्य पाठ करते हैं। इस सूक्त में अश्विनी, भग, पूषा, द्यावा-पृथिवी, बृहस्पति, आदित्य, वैश्वानर, सविता, मित्रावरुण, सूर्य और चन्द्रमा की स्तुति की गई है जिससे वे विश्व के कल्याण में प्रवृत्त हों -

स्वस्ति नो मिमीतामश्विना भगः स्वस्ति देव्यर्दितिरनर्वणः
स्वस्ति पूषा असुरो दधातु नः स्वस्ति द्यावापृथिवी सुचेतना
स्वस्तये वायुमुप ब्रवामहै सोमं स्वस्ति भुवनस्य यस्पतिः
बृहस्पतिं सर्वगणं स्वस्तयेस्वस्तय आदित्यासो भवन्तु नः
विश्वे देवा नो अद्या स्वस्तये वैश्वानरो वसुरग्निः स्वस्तये
देवा अवन्त्वृभवः स्वस्तये स्वस्ति नो रुद्रः पात्वहंसः
स्वस्ति मित्रावरुणा स्वस्ति पथ्ये रेवति
स्वस्ति न इन्द्रश्चाग्निश्च स्वस्ति नो अदिति कृधि
स्वस्ति पन्थमनु चरेम सूर्याचन्द्रमसाविव
पुनर्ददताघ्नता जानता सं गमेमहि।

इसी प्रकार सूक्त ८२ के अन्त में ऋषि सविता से प्रार्थना करता है कि वे देव सारी बाधाओं का उपशमन कर जो श्रेष्ठ और शुभ है उसे हम तक ले आयें -

विश्वानि देव सवितर्दुरितानि परा सुव
यद् भद्रं तन्न आ सुव।

अत्रि पर्जन्य सूक्त में मेघ की स्तुति अत्यन्त काव्यात्मक रीति से करते हैं। उनके मेघ के आगमन और वेग पर अंग्रेजी के कवि शैली की 'ओड टु वेस्ट विंड' की स्मृति आने लगती है -

अश्व जैसे रथारोही
चाबुकों से हांकता है
उस तरह गतिशील तुम से मेघ
हे पर्जन्य
है तुम्हारी दूर से पड़ती सुनाई
सिंह जैसी गर्जना सबको
वायु बहती, चमकती विद्युत्
वनस्पति जाग जाती
नीर पीकर
भूमि हो परिपुष्ट
जग कल्याण करती
सींचते हो जब उसे पर्जन्य तुम
धरा झुकती परम पूरित
तुम्हारे आगमन, उत्कर्ष
औषधि पुष्ट होती

शैली के गीत का वह अंश पाठकों को बहुत भाता है जब कवि उसे एक लहर, एक पत्ते और एक बादल की तरह ऊपर उठाने की प्रार्थना करता है। ऋषि अत्रि की यह प्रार्थना विश्व की आदि कविता के रूप में कितनी सामर्थ्य नहीं रखती !

खोल दो जल कोष अपना
वह बृहत्
इस भूमि पर
बहें नदियां पूर्वतर जलमग्न
धरती नभ करो गीले
अघायें धेनु
समुचित पियें जल।

अत्रि एक वैज्ञानिक और खगोलशास्त्री भी हैं। वे एक स्थान पर सूर्य गृहण का संदर्भोल्लेख करते हैं। सूक्त ४० के मंत्र पांच में जब असुर स्वरभानु सूर्य में प्रवेश कर अंधकार की सृष्टि कर देता है तब सभी मनुष्य बहुत चमत्कृत बताए जाते हैं। किसी को रहस्य समझ नहीं आता है। तब अत्रि द्वारा सूर्य की छाया के पृष्ठ भाग में चले जाने का संकेत दिया जाकर अंधकार का निवारण किया जाता है।

शिल्प और विषय

अग्नि की महिमा

अग्नि की महिमा का अत्रि द्वारा बखान अपनी ही रीति से किया गया है । उनका कहना है कि अग्नि की पूजा आरम्भ से ही की जा रही है और सदा होती रहेगी । कोई भी शक्ति आगे इसका विकल्प नहीं हो सकती । ऋग्वेद के मंडल १ में ऋषि मधुच्छंदा ने भी अग्नि के प्राचीन उपासकों के होने का उल्लेख किया है । अत्रि का यह भी दावा है कि यदि घर में अग्नि की पूजा होती है तो अग्नि संतति बृद्धि की आशीष देता है - यस्या अतिथि भवान् सः मर्तान् वनवत् ।

युद्धप्रिय इन्द्र

प्रतीक रूप में इन्द्र सृष्टि की गति, परिवर्तन और ऊर्जा का प्रतिनिधित्व करता है । उसमें गतिमानता की अपार सामर्थ्य है । इन्द्र इस अर्थ में संसार का स्पंदन, प्राण ही है । अत्रि संभवतः इसी कारण इन्द्र को सृष्टि का विधायक बताते हैं - जनुषा वीर्येण एता भूरि विश्वा चकृवान् (२१२)

इन्द्र ऋत और सत् का भी प्रतीक है । जल का नीचे गिरना, अग्नि का ऊपर उठना, हवा का क्षितिज की ओर बहना, मनुष्यों के सींग नहीं होना और पशुओं के सींग होना आदि सब शाश्वत सिद्धान्त हैं । इन नियमों का परिचालन इन्द्र का काम है । पृथिवी, जल, सूर्य, वायु, गृह, तारे, आकाश वाक्, दृष्टि आदि सब इसी नियम के तहत काम करते हैं । इन्द्र ही मानव के विविध अंग प्रत्यंगों में अभिव्यक्त, प्रकट और कार्यरत है । वही सुनता है, वही देखता है और सोचने वाला भी वही हे । अत्रि के अनुसार इन्द्र की सामर्थ्य ऐसी है कि वह मनुष्य का सर्व श्रेष्ठ आदर्श है ।

यज्ञ एक शुद्धीकरण

अग्नि में जब कोई पदार्थ मिलाया जाता है तो उससे निर्मित होने वाली वस्तु तीसरी और नई होती है । अन्य रासायनिक प्रक्रियाओं द्वारा क्षणिक परिविर्तन लाया जाता है जबकि अग्नि द्वारा स्थाई और सांस्कारिक शुद्धीकरण का कार्य कर दिया जाता है । अग्नि के संसर्ग से यह क्रिया भौतिक और आन्तरिक दोनों ही स्तरों पर सम्पन्न होती है । स्वयं प्रजापति भी इस यज्ञ की क्रिया द्वारा ही सृष्टि की संरचना और विस्तार करते हैं । यज्ञ एक अर्थ में समिष्टि की प्राणायाम क्रिया है । अत्रि का कहना है कि जो इस सनातन पथ का अनुशरण करता है वह महिमावान बनता है - येषु चित्रा दीधिति ।

इसमें विवाद नहीं कि दुनियां का एक आरंभ है । किन्तु यह कहना कि इसका आरंभ बिना किसी कारण के हुआ, अर्थहीन है । यदि यह सब अकारण हुआ होता तो फिर किसी नियम और मर्यादा की भी स्थिति न होती । तब कारण और कार्य का सिद्धान्त भी नहीं होता । ऐसी स्थिति में मनुष्य किस आशा में किस अभिप्राय से कोई काम करेगा !

वास्तव में जब कोई कारण मौजूद भी नहीं दिखता तो कार्य के आधार पर उसका अनुमान किया जाना आसान होता है । सृष्टि में यह ऋत के रूप में जाना जाता है । अत्रि इस सिद्धान्त को मानने का उपदेश देते हैं । मनुष्य इस प्रकार के आचरण से ही संसार में एक सार्थकता प्राप्त करता है । देवता भी इन नियमों की अवहेलना नही करते । मित्रावरुण इन नियमों का पालन कराने में बहुत कड़े हैं -

धर्मणा मित्रावरुणा विपश्चिता व्रता रक्षथे असुरस्य मायया

ऋतेन विश्वं भुवनं वि राजथः सूर्यमा धत्थो दिवि चित्र्यं रथम् (५७०)

न व देवा अमृता आ मिनन्ति व्रतानि मित्रावरुणा ध्रुवाणि (६०३)

मंडल पंचम के महत्वपूर्ण सूक्त-संदेश

१. एक शुद्ध मन व्यक्ति का सम्मान होना चाहिए ।
२. देवत्व को प्राप्त मनुष्य अज्ञान के अंधकार को काट देता है।
३. सत्पुरुषों से निंदा वचन कहने वाले व्यक्ति अपना सर्वनाश करते हैं ।
४. मंत्रों को अभ्यास द्वारा याद रखा जाना चाहिए ।
५. वैभव मनुष्य को सूर्य के समान अक्षय प्रकाश देता है ।
६. ज्ञानवान् मनुष्य इन्द्रत्व प्राप्त करता है ।
७. इन्द्र ने अपने जन्म के बाद ही अपने मन पर नियंत्रण कर लिया ।
८. जिस राजा के राज्य में इन्द्र को सोम रस पान करने को मिलता है वह सुख पूर्वक शासन करता है ।
९. ऐसा मनुष्य अप्राप्य प्राप्त कर प्राप्त की रक्षा में समर्थ होता है ।
१०. वह सूर्य और अग्नि का प्रिय बन जाता है ।
११. रुद्र सभी औषधियों का आगार है ।
१२. माता पृथिवी हममें कभी दुर्भाव न लाए ।
१३. पाखंड शून्य व्यक्ति स्वर्ग प्राप्त करता है ।
१४. जो स्वतः श्रम करता है, वह लक्ष्य पाता है ।
१५. श्रेष्ठ काव्य समुद्रों के पार ख्याति प्राप्त करता है ।
१६. मंत्र युक्त यज्ञ सभी हिंसा से रहित है ।
१७. जो समाज का अनुशासन मानता है वह यहां और परलोक में सफलता पाता है ।
१८. यज्ञ में ही कर्म की प्रतिष्ठा है ।
१९. जो जागता है, ऋचा उसका वरण करती है ।
२०. जो जागता है, सोम उसका वरण करता है ।
२१. जो जागता है, सोम उससे कहता है- 'मैं तुम्हारा हूं' ।
२२. सत्य के मार्ग पर चलने वाली स्त्री की प्रशंसा की जानी चाहिए ।
२३. अतिथि, ज्ञानी पुरुष और उनकी पत्नियां यज्ञ में सम्मान प्राप्त करें ।

२४. हमें सूर्य और चन्द्रमा के समान कल्याण पथ पर चलना चाहिए ।

२५. मरुद्गण यह भुलाकर कि कौन बड़ा और कौन छोटा है, साथ साथ रहते हैं ।

२६. एक स्त्री जो मनुष्य के दुख को समझती है, प्रशंस्य है ।

२७. बुद्धिमान व्यक्ति धैर्य पूर्वक सन्मार्ग पर चलते हैं ।

२८. मनुष्य सन्मार्ग पर चलकर ख्याति प्राप्त करता है ।

२९. अश्विनी कुमार गुणी और चरित्रवान को कष्ट नहीं पहुंचाते ।

३०. मनुष्य चरित्रवान बनकर सत्संग प्राप्त करता है ।

३१. हे सविता देव, आप प्रत्येक प्रकट जीव धारी के राजा और स्वामी हो ।

३२. हे सविता देव, हममें से सारी बुराइयां मिटादो ।

३३. जो श्रेष्ठ और शिव है, वह हमें उपलब्ध हो ।

३४. हम कभी भी मातृभूमि का अपराध न करें और सूर्य का अनुशासन मानें ।

३५. जो मनुष्य दिन या कि रात दोनों समय सन्निष्ठा से आचरण करता है, वह अग्रणी है ।

३६. एक नेता को भाई, मित्र और हितकारी जैसा व्यवहार करना चाहिए ।

१. सुमनाः ऊर्ध्वः अस्थात् (२)

२. महान् देवः तमसः निरमोचि (२)

३. ऋजूयते वृजनानि ब्रुवन्तः स्वयं अधूर्षत (११०)

४. आसन् उक्था पान्ति (१४२)

५. अजरं सूर्यं इव क्षत्रं सुवीर्यं (१९२)

६. बुबुधानाः नरः इन्द्रं अशेम (२१५)

७. जातः मनः स्थिरं चकृषे (२१७)

८. यस्मिन् इन्द्रः सोमं पिबति स राजा न व्यथते (२९०)

९. योगे क्षेमे अभि भवाति (२९१)

१०. सूर्ये अग्नौ प्रियः भवाति (२९१)

११. विश्वस्य भेषजस्य क्षयति (३४१)

१२. माता पृथिवी नः दुर्मतौ मा धात् (३४६)

१३. मायाभिः परः नाम ऋते आस (३६७)

१४. यः स्वयं वहते स अरं करत् (३७३)

१५. आसां अग्निमा समुद्रं अवतस्थे (३७४)

१६. यस्मिन् आयता सवनं न रिष्यति (३७४)
१७. यः ई गणं भजते सः वरा उभा प्रति एति (३७७)
१८. विश्वासं धियां उधः (३७८)
१९. यः जागार, तं ऋचः कामयन्ते (३७९)
२०. यः जागार, तं सामानि यान्ति (३७९)
२१. यः जागार, तं अयं सोमः आह, तव अस्मि सख्ये नि ओकः (३७९)
२२. सरमा ऋतस्य पथा गाः विदद् (३८८)
२३. अतः अतिथीन् नृन् पत्नीः दशस्यत (४१९)
२४. सूर्याचन्द्रमसौ इव स्वस्ति पन्थं अनुचरेम (४३६)
२५. अज्येष्ठासः अकनिष्ठासः एते भ्रातरः (५३२)
२६. या जसुरि तृष्यन्तं कामिनं वि जानाति, कृणुते (५४२)
२७. विपश्चिता धर्मणा व्रता रक्षेथे (५७०)
२८. ऋतेन विश्वंभुवनं वि राजथः (५७०)
२९. संस्कृतं न प्र मिमीतः (६४४)
३०. धर्मभिः मित्रः भवति (६८१)
३१. एकः इत् प्रसवस्य ईशिषे (६८२)
३२. देव सवितः ! विश्वानि दुरितानि परा सुव (६८७)
३३. यत् भद्रं तत् नः आ सुव (६८७)
३४. सवितु सवे अदितये अनागसः (६८८)
३५. उभे अहनी अ-प्रयुच्छन् सु-आधीः, पुरः एति (६९०)
३६. अर्यम्य मित्रः सखायं सदं भ्रातरं अरणं (७११)

षष्ठ मंडल

इस मंडल के द्रष्टा ऋषि भारद्वाज और कुछ उन्हीं के कुल के अन्य ऋषिगण है । इन ऋषियों के नाम और उनके द्वारा प्रणीत सूक्त एवं मंत्रों की स्थिति इस प्रकार है -

ऋषि	सूक्त	मंत्र
बार्हस्पत्य भारद्वाज	५९	५२९
सुहोत्र भारद्वाज	२	१०
शुनहोत्र भारद्वाज	२	१०
नर भारद्वाज	२	१०
बार्हस्पत्य शन्यु	४	९३
गर्ग भारद्वाज	१	३१
ऋजिश्वा भारद्वाज	४	६३
पायु भारद्वाज	१	१९

जहां तक मंत्रों का देवताओं से सम्बन्ध है, उसकी स्थिति निम्न प्रकार है-

देवता	मंत्र संख्या
इन्द्र	२६९
अग्नि	१६२
विश्वेदेवा	६५
पूषा	४०
इन्द्राग्नि	२५
अश्विनी कुमार	२२
वैश्वानर अग्नि	२१
मरुत	१८
सरस्वती	१४
उषा	१२
इन्द्रवरुण	११
मित्रावरुण	११
इन्द्र विष्णु	८
गो	८
इन्द्र पूषण	६
द्यावा पृथिवी	६

सविता	६
इन्द्र सोम	५
सोम	५
इषद	४
रथ	४
सोम रुद्र	४
सार्जय प्रस्तोक	४
ब्रबुस्ताक्ष्य	३
बृहस्पति	३
दुन्दुभि	२

जिन देवताओं की केवल एक ही मंत्र से प्रार्थना की गई है, उनके नाम हैं- दुन्दिभि- इन्द्र, अश्व, जर्तनी, ईषुधि, ज्या, देव-ब्रह्माणि, देवभूमि बृहस्पतीन्द्र, द्यावा-भूमि, प्रश्नि, धनु, प्रतोद, ब्राह्मन पितृसोम, द्यावापृथिवी, पूषन, युद्धभूमि, कवच ब्रह्मणस्पति, रथगोप, वर्म, वर्मसोम वरुण, सारथी, रश्मि और हस्तघ्न ।

ऋषि भारद्वाज और उनकी संदृष्टि

भारद्वाज बृहस्पति जी के पुत्र थे । वे इसीलिए इस मंडल में बार्हस्पत्य भारद्वाज के रूप में अभिहित हुए हैं । शेष अन्य दशों ऋषि उनके पुत्र और बेटी रात्रि ऋषिका है । इन पुत्रों के नाम इस प्रकार हैं - ऋजिश्व, गर्ग, नर, पायु, वसु, शस, शिरमबीथ, शुनहोत्र, सपरथ और सुहोत्र । ऋग्वेद की अनुक्रमणिका में एक और ऋषिका कशिपा का उल्लेख भी भारद्वाज की पुत्री के रूप में आता है । इस प्रकार उनके उत्तराधिकारियों की संख्या १२ हो जाती है ।

महाभारत के अनुसार भारद्वाज के माता पिता का नाम ममता और बृहस्पति था । इनके माता पिता में पुत्र के भरण पोषण को लेकर कुछ विवाद था । तब वैशाली के राजा ने इनके भरण पोषण का दायित्व उठाया । वे कालान्तर में काशी के राजा दिवोदास के पुरोहित बने । जब राजा बीतहव्य से दिवोदास पराजित हुए तो इस ऋषि ने उसे आश्रय भी प्रदान किया । इसके बाद उन्होंने राजा के कल्याण के लिए एक यज्ञ सम्पन्न किया जिससे राजा को प्रतर्दन जैसा वीर पुत्र पैदा हुआ जिसने अपने पिता के शत्रु को पराजित कर अपना राज्य वापस ले लिया ।

तैत्तरीय ब्राह्मण में भारद्वाज के वैदिक अध्ययन में रुचि की एक रोचक कथा आती है । इन्द्र ने प्रसन्न होकर भारद्वाज को वेदाध्ययन के लिए १००-१०० वर्ष की आयु के तीन वर प्रदान किए । किन्तु उनकी वेदाध्ययन की अतृप्ति देखते हुए इन्द्र ने तीन मुट्ठी मिट्टी का ढेर उठाकर बताया कि उनका अध्ययन सामने खड़े विराट पर्वतों में से उतना ज्ञान समेटने जैसा है । भारद्वाज की समझ में आया कि वेदाध्ययन एक जीवन में पूरा नही किया जा सकता । इन्द्र ने उन्हें इस अवसर पर सावित्र्याग्नि का उपदेश दिया जिसके द्वारा उनका सूर्य से साक्षात्कार संभव हो पाया ।

भारद्वाज औषधि विज्ञान के भी ज्ञाता थे । संभवतः इसी कारण वे बहुत दीर्घजीवी हुए । उन्होने आयुर्वेद संहिता नाम की एक पुस्तक भी लिखी । ऐतरेय संहिता में उन्हें दीर्घजीवीतमा कहा गया है । उन्होने इन्द्र से व्याकरण सीखकर अपने शिष्यों को सिखाई । महर्षि भृगु उनके दर्शन शास्त्र के शिक्षक थे । तदनुसार उन्होने एक महान ग्रन्थ 'भारद्वाज संहिता' की भी रचना की । महाभारत के शान्तिपर्व (२१०-२१) के अनुसार वे धनुर्वेद और राजनीति के भी शिक्षक थे । कौटिल्य ने अपने अर्थशास्त्र में इसका उल्लेख किया है ।

इस बहुश्रुत और पठित द्रष्टा ने एक 'यंत्र सर्वस्व' भी लिखा । इसके कुछ अंशों को विमान शास्त्र के रूप में प्रकाशित भी किया गया है । इसमें उन अनेक धातुओं का उल्लेख है जो वायुयान के लिए उपयोगी हैं ।

आगे मंडल दश में यह भी उल्लेख आता है कि भारद्वाज ने धाता, सविता, विष्णु और अग्नि से संगीत विद्या भी सीखी । वे इस प्रकार वामदेव, गोतम और कश्यप की ही तरह वेदों के प्रमुख गायक बने । इस विद्या के द्वारा वे वेदों के ज्ञान को गायन के ही आधार पर जन साधारण तक पहुंचाने में सफल हुए ।

भारद्वाज की संदृष्टि बहुत विस्तृत और विराट थी । वे संसार को बंधन या दुखों का केन्द्र नहीं मानते थे । उनके अनुसार यह मिथ्या या शून्य भी नही है । इसका एक स्पष्ट ध्येय है तथा इसका सदुपयोग किया जाना आवश्यक है । ईश्वर की यह विराट कृति सर्व मंगल की प्राप्ति के लिए है । इसमें स्थान स्थान पर ईश्वरीय योजना के संकेत प्राप्त किए जा सकते हैं । सभी मनुष्य सुख चाहते हैं । मात्र इस इच्छा ही की पूर्ति के लिए इस संसार से बड़कर और कोई स्थान नहीं हो सकता । इसमें उपलब्ध हवा, पानी, अग्नि, धूप और अन्न क्या इसीलिए नही हैं ! तारे, गृह, आकाश, वर्षा और सूर्य आदि सभी अपना कार्य बिना हमारे योग के यथावत् नहीं किए जा रहे है ! प्रकृति के इन पदार्थो की प्रचुरता में क्या कहीं कोई कमी दिख सकती है ! संसार की इसी सुन्दरता से प्रभावित होकर जैसे भारद्वाज कहते है कि इसका आनन्द उठाया जाना चाहिए- ते भद्रायां सन्द्रष्टौ रणवन्त (४) । यह कवि इस संसार के रचनाकार का गुणगान करते हुए बहुत काव्यात्मक हो उठता है । निश्चित ही उसकी महानता धरती से बड़ी है । उसके अतिरिक्त संसार से अंधकार हटाने में और कौन समर्थ हो सकता है ! क्या वही ही संसार का द्रष्टा और भोक्ता नही है- रूपं रूपं प्रतिरूपः बभूव ।

यह प्रश्न उठ सकता है कि यह ईश्वर जो कभी थकता नही इतना सहन क्यों किए जाता है ! भारद्वाज का कहना है कि वह सतत क्रियाशील रहता है । प्रकृति की अनवरत कार्यशीलता यही प्रमाणित करती है । उसकी कर्मठता मशीन की तरह जड़ न होकर नित नूतन है- अद्य अन्यत् कवेरं अन्यत् उश्वः (२६७) । वह इस प्रकार कार्य करता हुआ दिन, महीने और वर्ष को अपने क्रोढ़ में समेट रखता है । यह सब होते हुए भी वह सभी का सुहृद- माता और पिता है - मनुष्याणां सदं इत् मातापिता । मं. ५ ।

देव पूजा का महत्व

मनुष्य की कर्म, ज्ञान और भक्ति की सामर्थ्य उसे सर्व समर्थ देव-सान्निध्य के योग्य बनाती है । अतः भारद्वाज अग्नि की प्रार्थना करते हैं कि जो नियमित तौर पर अग्नि की उपासना करता है वह विकास करते हुए सभी संकटों को भी पार कर जाता है । अग्नि हमारी ऊर्जा है और वह हमारा नियमित मेहमान भी है । ज्ञानी जन देवताओं को सदा प्रिय हैं अतः ज्ञानार्जन किया जाना चाहिए । प्रकाशवान् सूर्य ज्ञान की किरणों की भासमानता का परिचय देता है- भनुमद्भिः अर्कैः सूर्यः न । ३८ ।

शुद्ध ज्ञान की सम्पदा

वैदिक ऋषि जानते थे कि शुद्ध ज्ञान ही वास्तविक सुख का स्रोत हे । इससे संसार के भीतर और इसके परे का सुख प्राप्त होता है । इस द्रष्टा के अनुसार ज्ञान को विज्ञान- प्रचेता भी होना चाहिए । वह सत्क्रतु, कवि और अध्रुक हो तथा दूसरों का पथ प्रशस्त करे । उसमें द्वेश नही होना चाहिए । ऐसे लोगों की न केवल निन्दा की गई है अपितु उन्हें दण्डित किए जाने का भी विधान किया गया है ।

यज्ञ की महिमा

भारद्वाज अन्य ऋषियों की ही भांति यज्ञ के बड़े समर्थक हैं । उनके अनुसार यज्ञाचरण से वैभव मिलता है । वही मनुष्य मानवता का सच्चा पुजारी है । इससे दैवी संरचना में भी मानवीय योग पहुंचता है । मंत्र ३३५ में कहा गया है कि यज्ञ कर्ता इन्द्र को भी सहायता पहुंचाता है - यज्ञः इन्द्रं वर्धात् ।

नैतिक आचरण की आवश्यकता

मानव शरीर देवता का घर है । इसकी स्वस्थता और संवर्धन मानवीय धर्म है । भारद्वाज का परामर्श है- स्वां तन्वं यजस्व । अर्थात् अपने शरीर का साधन करो । मंत्र ४३० में कहा गया है कि अच्छे भोजन से देह को स्वस्थ रखा जाना चाहिए । जल भी स्वास्थ्य का श्रेष्ठ साधन है । ऋषि का आगे यह भी परामर्श है -' जागते रहो । केवल जागृत मनुष्य ही ख्याति प्राप्त करता है ।'

गाय की पवित्रता

वेदों में सामान्तया और मंडल छः में विशेषरूप से गाय की पवित्रता का बखान हुआ है । गायें भौतिक संसार में सम्पन्ता और आध्यात्मिक धरातल पर दिव्यता की परिचायक हैं । मंत्र ३०२ में भारद्वाज का कहना है कि गायें भौतिक संसार की समृद्धि हैं और स्वतः इन्द्र ही हैं - इमा या गावः स जनास इन्द्र । गाय का दूध दुर्वल को ताकतवर बनाता है । वह श्रेष्ठ भोजन है । इसका अमृतत्व मृत्यु को भी परे धकेलता हे । ऋषि का परामर्श यह भी है कि गाय को स्वस्थ भी रखा जाना जरूरी है । गाय को बुलाते हुए हमारी आवाज मधुर हो । वास्तव में गाय हमारे घर मूर्तिमन्त आनन्द ही है- सुम्नै एव यावरी । ४९३ ।

मंडल षष्ठ के महत्वपूर्ण सूक्त-संदेश

१. मनुष्य को देवत्व धारण करना चाहिए ।
२. मनुष्य का मुख सूर्य जैसा पवित्र और तेजयुक्त हो ।
३. मनुष्य को प्रातःकाल शीघ्र जाग जाना चाहिए ।
४. जो भोजन गिरा नही है, उसे खाना चाहिए ।
५. अपने हाथ उठाकर प्रणाम और सेवा की जानी चाहिए ।
६. महान कार्य अमर होते है ।
७. ज्ञान से इन्द्रत्व का संवर्धन होता है ।
८. देवताओं की शक्तियां अपार हैं ।
९. उसकी संरक्षण की शक्ति कभी क्षीण नही होती ।
१०. ईश्वर नाना आकार और प्रकार में अभिव्यक्त होता है ।
११. वृक्षों को उखाड़ा नहीं जाना चाहिए ।
१२. मित्रता में कुछ गोपनीय नही है ।
१३. मनुष्य ईश्वर का पुत्र है ।
१४. देवता हमें सत्य मार्ग पर ले जाते हैं ।
१५. हमारा घर ऐसा हो जिसके आसपास गायें विचरण करें ।
१६. हमारा घर ऐसा हो जहां मनुष्यों का व्यवहार सरल हो ।
१७. मुझे ऐसे घर की तलाश है जहां से युद्ध भूमि जाने के लिए एक वीर मनुष्य निकलता हो ।

१. नरः प्रथमं देवयन्तः (२)
२. सूरः न अस्य दृशतिः अ-रेपाः (२७)
३. मर्त्येषु उषर्भुत् (३४)
४. यत् अच्युतं, तत् अत्ति (१०७)
५. उत्तानहस्तः नमसा आ विवासेत् (१७१)

६. यानि दाधार, न किः आमिमाति (३१३)

७. ब्रह्म इन्द्रं वर्धात् (३५५)

८. अस्य प्रणीतयः महीः: (४०६)

९. अस्य ऊतयः नक्षीयन्ते (४०६)

१०. रूपं रूपं प्रति रूपः बभूव (४६८)

११. वनस्पतिं मा उद् वृहः (४९८)

१२. सख्यं अवृकं अस्तु (४९९)

१३. अमृतस्य सूनवः (५५८)

१४. ऋतावृधः देवः (५५९)

१५. यत् गावः अनुस्फुरान् छर्दिषः अभिष्टिः (७०३)

१६. ऋजिष्यं धृष्णुं (७०३)

१७. यत् रणे वृषणं युनजन् (७०३)

सप्तम मंडल

सप्तम मंडल ऋषि वशिष्ठ और उनके वंश के ऋषियों द्वारा संद्रष्ट है । इनके नाम और उनके सूत्र तथा मंत्र संख्या नीचे दी जा रही है ।

ऋषि	**सूक्त**	**मंत्र**
मैत्रावरुणि वशिष्ठ	१०२	८३४
शक्ति	१	२
वशिष्ठ पुत्र	१	५

इस मंडल के महत्वपूर्ण देवता और उन्हें सम्बोधित मंत्रों की संख्या निम्न प्रकार है -

१.	इन्द्र	१७२
२.	अग्नि	११८
३.	विश्वेदेवा	८२
४.	अश्विनी कुमार	५६
५.	मरुत	५०
६.	उषा	४१
७.	मित्रा वरुण	३८
८.	इन्द्र वरुण	३०
९.	वरुण	२७
१०.	इन्द्राग्नि	२०
११.	वैश्वानराग्नि	१९
१२.	आदित्य	१६
१३.	सूर्य	११
१४.	विष्णु	११
१५.	सविता	१०
१६.	इन्द्रवायु	१०
१७.	मांडूक्य	१०
१८.	पर्जन्य	९
१९.	सरस्वती	८

कुछ अन्य देवता जिन्हें अपेक्षाकृत कम मंत्रों द्वारा संबोधित किया गया है वे हैं- वायु, आपः, बृहस्पति, रुद्र, भग, वशिष्ठ, सोम, इला, त्वष्टा, अहि आदि ।

इस मंडल का केन्द्रीय स्वर व्यापक जनकल्याण की भावना है। इसमें स्वस्ति शब्द की अनेकानेक बार आवृति हुई है। द्रष्टा ऋषि सूक्त ३५ में इन्द्र, अग्नि, वरुण, भग, अर्यमा, धाता, अश्विनी, द्यावा-पृथिवी, वसु, रुद्र, सोम, सूर्य, अदिति, मरुत, विष्णु, पर्जन्य, विश्वेदेवा, गौ, ऋभु, पितर आदि की शान्ति के लिए प्रार्थना करता है।

प्रसिद्ध महामृत्युंजय मंत्र इसी मंडल में है। तीन आंखों वाले शिव से इसमें प्रार्थना की गई है कि वे अमरत्व प्रदान करते हुए मृत्यु से बचायें -

त्र्यंबकं यजामहे सुगंधिं पुष्टि वर्धनम्

उर्वारुकमिव बन्धनान्मृत्योर्मुक्षीय मामृतात्। ७.५९.१२

वैदिक द्रष्टा के लिए जीवन बहुत मूल्यवान है। शरीर इस जीवन का संवाहक है। अतः उसकी रक्षा की जानी आवश्यक है। प्रत्येक व्यक्ति के लिए यह प्रार्थना नित्य किए जाने योग्य है-

पश्येम शरदः शतम् जीवेम शरदः शतम्। ७.६६.१६

ऋषि वशिष्ठ और उनका संदर्शन

वशिष्ठ की उत्पत्ति के संबंध में अनेक कथायें कही जाती हैं। उन्हें जहां ब्रह्मा की मानस सृष्टि कहा गया है, वहीं एक स्थान पर उन्हें मित्रावरुण का पुत्र भी कहा गया है। वे सप्तर्षियों में से एक हैं। उनकी पत्नी अरुन्धती भी सतीत्व के कारण अपने पति के ही निकट स्थित रहती हैं।

भारतीय मिथक परम्परा में वशिष्ठ का महत्वपूर्ण स्थान है। उनकी ऋषि विश्वामित्र से प्रतिद्वन्दिता और जीत तो प्रसिद्ध है ही, उनका सूयं वंश के राजा इक्ष्वाकु से लेकर राम तक का पौरोहित्य भी अनेकानेक कथायें समेटे हुए है। राम के गुरु के रूप में तो वशिष्ठ का चरित्रांकन उन्हें ऋषित्व के शिखर पर ही प्रतिष्ठित कर देता है। वशिष्ठ ब्रह्मज्ञानी थे। उनके ब्रह्मज्ञान का यह तेज उन्हें विश्वामित्र पर विजय प्रदान कराता है। उनकी यही विशेषता उनसे ऐसे विश्वामित्र को क्षमा भी प्रदान कराती है जिन्होंने वशिष्ठ के सौ पुत्रों का संहार किया था।

मंडल सात में उल्लेख है कि वशिष्ठ के पास एक हजार गायें थीं तथा वे बहुत बड़े कर्मयोगी थे। ८.६। इन्द्र उनके यज्ञों में सदा उपस्थित रहा करते थे। वशिष्ठ के पुत्रों ने इन्द्र की कृपा से ही सिन्धु नदी को आसानी से पार किया। इस संरक्षण से ही वशिष्ठ के अनेक दानव शत्रु उनका कुछ नहीं बिगाड़ सके। वशिष्ठ के मंत्र वल से ही इन्द्र दाशराज्ञ युद्ध में राजा सुदास की रक्षा कर सके। इस मंडल के सूक्त १८, ३३ और ८३ में इसका वर्णन किया गया है।

वशिष्ठ के १२ पुत्रों के नाम का उल्लेख भी हुआ है। वे इस प्रकार हैं - मन्यु, उपमन्यु, व्याघ्रपात, मृलीक, वृषगण, प्रथ, इन्द्र-प्रमति, द्युम्निक, चित्रमह, कर्णश्रुत, वसुकर और शक्ति। उनके चार द्रष्टा पौत्र हैं- वसुक्रद वसुकर, वसुकर्ण वसुकर, पाराशर शाक्त्य, और गौरवीति शाक्त्य।

उनके पुत्रों ने गहन ध्यान समाधि में अपने पिता की उत्पत्ति ज्ञात करली थी। इसका सूक्त ३३ में विवरण है। इसके मंत्र दश में कहा गया है कि मित्रावरुण ने यह देखा कि एक ज्योति

मानवाकार ले रही है । अगले मंत्र में कहा गया हे कि वे माता उर्वशी के संकल्प मात्र से उत्पन्न हो गए ।

वशिष्ठ का प्रकृति काव्य

वशिष्ठ को प्रकृति से अपार प्रेम था । उन्होने उषा पर ४१, मरुत पर ५०, पर्जन्य पर ९ और मंडूक पर १० ऋचायें लिखीं । वर्ष आरंम्भ होते ही जब यह ऋषि उमड़ते घुमड़ते मेघों को गरजते, चमकते और जल बरसाते हुए देखता है तो उसकी कल्पनाशीलता मंडूक क्रीड़ा पर केन्द्रित होकर हास्य रस की अद्‌भुत कविता रच देती है -

जल लालसा
जब प्यास पूरी
मेघ के जल में नहाया
खूब चितकबरा
बड़ा मेंढक
उछलता कूदता
बोली मिलाकर
कस पकड़ता है
हरा वह दूसरा मेंढक

वशिष्ठ ने सूर्य की आराधना में भी ३८,४५,६२ और ६३ आदि चार सूक्त लिखे है । उदित हो रहा सूर्य रत्नों से जड़ा हुआ है । वह आकाश का अधिपति है । उसके तीव्रगामी अश्व उसके रथ को खींच रहे हैं । उसके स्वर्णिम हाथ स्वर्ग तक फैल रहे हैं । उदित होता सूर्य अंधकार को ऐसे समेटता जा रहा है जैसेकि अंधेरा कोई चमड़ा हो । इसी प्रकार उषा वर्णन में इस द्रष्टा ने अद्‌भुद् कल्पनाशीलता का परिचय दिया हे । प्रेमी के रूप में सूर्य का प्रेमिका उषा द्वारा प्रतीक्षा करना कीट्स की ग्रेशियन अर्न के बिम्ब को बहुत पहले ही जैसे रेखांकित कर देता है-

बिताये बहुत दिन तुमने
प्रतीक्षा रवि उदय की
पूर्व में
बहुत हो पतिपरायण तुम
कि जैसे जार नारी
नहीं संन्यासिनी कोई
कदाचित् !

मंडल सप्तम के महत्वपूर्ण सूक्त-संदेश

१. सुसंस्कारित व्यक्ति समाज में मिलकर रहते हैं ।

२. जिस घरमें पुत्र पौत्रादिक नही, वह रहने योग्य नही है ।

३. पुत्र उच्च ज्ञान प्राप्ति में संलग्न होना चाहिए ।

४. हमें मलिन वस्त्रों को धारण करने से त्राण मिले ।

५. हम कभी अज्ञान में न रहें ।

६. ज्ञानी जन पूरी मानवता को राह दिखाते हैं ।

७. ज्ञानियों को ज्ञान की देवी का सम्मान करना चाहिए ।

८. सत्यवान को देवताओं के उद्भव का ज्ञान होता है ।

९. अतिथियों का दिन और रात, सभी काल में सत्कार होना चहिए ।

१०. वृद्ध, सुखान्वेशी, ज्ञानी और चरित्रवान्- प्रातःकाल जल्दी उठते हैं ।

११. बुद्धिमान मनुष्य को प्रभूत धन दिया जाना चाहिए ।

१२. एक ज्ञानी पुरुष ही संसार का वास्तविक नेता है ।

१३. ज्ञानी जन सभी को प्रिय होते हैं ।

१४. हम ऐसे आवास की कामना करते हैं जो आरामदेय हो और हमारी ख्याति बढ़ाए ।

१५. बहादुर लोग वीरता से ख्याति अर्जित करते हैं ।

१६. ऐंद्रिक सुखों में लिप्त व्यक्ति दैवी आनन्द से बंचित रहते हैं ।

१७. देवताओं के वैभव की सीमा मनुष्यों को विदित नहीं होती ।

१८. तुम्हारी मित्रता हमारे लिए कल्याणकारी हो ।

१९. एक वह ईश्वर (इंद्र) मनुष्यों पर बड़ा कृपावन्त है ।

२०. हम आपके अनुग्रह से सम्पन्न हों ।

२१. ज्ञानी जन दैवी चेतना को प्रसारित करते हैं ।

२२. ज्ञानी जन दैवी मामलों में हस्तक्षेप नहीं करते ।

२३. मैं पाप कर्म में धन का उपयोग नही करूंगा ।

२४. हे ईश्वर! एक पुत्र के पिता की तरह तुम हमें ज्ञान और शक्ति प्रदान करो ।

२५. संसार की प्रत्येक घटना का सूर्य एक साक्षी है ।

२६. द्यौ की पुत्री उषा सभी का भरण पोषण करती है ।

२७. हम अपने शब्दों को बुद्धि से संचालित करते हैं ।

२८. दुष्ट जन कभी हमारे ऊपर शासन न कर सकें ।

२९. ज्ञान की देवी समृद्धि और सुख का द्वार खोलती है ।

३०. सरस्वती सदा भद्र ही होती है ।

३१. तुम्हारी महिमा किसी को भी ज्ञात नही ।

३२. तुम्हारी महिमा ऐसे किसी व्यक्ति को ज्ञात नही हो सकती जो पैदा हुआ है या होगा ।

३३. विष्णु ने यह विस्तृत भूमि मानवों के रहने के लिए निर्मित की ।

१. सुजाता नरः समासते (४)

२. शुने मा निषदाम (११)

३. तनयः अक्षरा समेति (१४)

४. दुर्वाससे नः मा दाः (१९)

५. सचा दुर्मतये मा प्रवोचः (२२)

६. विप्रा जातवेदसा मानुषेषु कारू (३२)

७. सारस्वतेभिः सरस्वती सजोषा (३३)

८. सत्यतरः देवानां जनिमानि वेद (३५)

९. अतिथिं दोषा उषसि मर्जयन्तः (४१)

१०. जारः मन्द्रः कवितमः पावकः उषसां उपस्थात् अबोधि (८७)

११. पुरंधिं राये यक्षि (९२)

१२. जातवेदा वैश्वानरः (१०७)

१३. दूरयः प्रियासः सन्तु (१३३)

१४. दीर्घश्रुत शर्म यच्छ (१३४)

१५. महित्वा तविषीभिः आ पप्राथ (१८५)

१६. ते महिमानं रजांसि न विव्यक् (१९७)

१७. ते राधः वीयं न उदश्नुवन्ति (२०९)

१८. ते सख्या अस्मे शिवानि सन्तु (२१०)

१९. देवत्रा एकः मर्तान् दयसे (२१५)

२०. ते महीं सुमतिं प्रवेविदाम (२२२)

२१. विप्रः ब्रह्म जनयन्त (११८)

२२. तस्य व्रतानि धीराः न मिनन्ति (११९)

२३. पापत्वाय न रासीय (१३१)

२४. पुत्रेभ्यः पिता त्वं नः क्रतुं शिक्ष आभर (१३८)

२५. सूर्यः विश्वाभुवना अभिचष्टे (२०३)

२६. दिवः दुहिता भुवनस्य पत्नी (२३७)

२७. धिया धेनाः ऐरयामः (२६६)

२८. दुःशंसः नः मा ईशत (२६७)

२९. भुवनस्य भूरेः रायः चेतंती (२७०)

३०. भद्रा सरस्वती भद्रं इत् कृणवत् (२७३)

३१. ते महित्वं न अश्नुवन्ति (२७६)

३२. ते महिम्नः परं अंतं न जायमानः न जातः आप (२७८)

३३. एष विष्णुः एतां पृथिवीं मनुषे क्षेत्राय दशस्यन् (२८२)

अष्ठम मंडल

इस मंडल में १०३ सूक्त और १७१६ ऋचायें है। इसके मुख्य द्रष्टा ऋषि कण्व और उनके कुल के ६६ अन्य ऋषि गण हैं। इस मंडल के भी मुख्य देवता इन्द्र ही हैं जिनके सम्बन्ध में ८६७ मंत्र कहे गए हैं। दूसरे और तीसरे क्रम में अग्नि और अश्विनी कुमार हैं जिन्हें क्रमशः ३७१ और १९८ मंत्र समर्पित हैं। इसके अन्य उल्लेखनीय देवता हैं मरुत, विश्वेदेवा, आदित्य, सोम, वरुण और वायु।

ऋषि कण्व और उनकी कुल परम्परा

घोर ऋषि के दो पुत्र थे, कण्व और प्रगर्त। कण्व का शाब्दिक अर्थ है कर्णप्रिय। वे संभवतः राजा यदु के कुलगुरु थे। इस ऋषि को राजा कुरंग से साठ हजार गायें दान में प्राप्त हुई। वे अंगिरस परिवार के द्रष्टा ऋषि कहे जाते हैं। ऋग्वेद (१.११९.८) में कण्व के संबंध में एक कथा कही गई है। एक दानव ने उन्हें एक अंधेरे कमरे में बंद कर उनकी यह परीक्षा लेनी चाही कि वे अन्तर्ज्ञान से यह बता पाते हैं कि नही कि सुबह कब हुई। अश्विनी कुमारों ने प्रातःकाल होने पर वीणा बजाकर उनकी सहायता की। इस कुल के ऋषि यज्ञ कार्यो में बड़े निष्णात बताए जाते हैं।

मिथक परम्परा से कण्व शकुन्तला के पिता हैं। कवि कालिदास के अभिज्ञान शाकुन्तल में उनका अविस्मरणीय चरित्रांकन हुआ है। इससे यह भली भांति सिद्ध होता है कि मिथक आख्यानों में इस प्रकार का चारित्रिक विकास अनेक वैदिक पात्रों का हुआ है। नारद को भी कण्व कुल का ही ऋषि बताया जाता है (८.१३)

इन्द्र का केन्द्रीय व्यक्तित्व

इन्द्र की वीरता और साहस की कोई सीमा नही है। अन्य कोई उसकी बराबरी में नहीं ठहरता। इस मंडल की ऋचा ६१६ में ऋषि का कहना है - 'ऐसा कोई वीरता का कृत्य नहीं जो इन्द्र ने नहीं किया है। ऐसा कौनसा कृतित्व है जो इन्द्र को छोड़कर अन्य ने किया है? वह वृत्र का संहारक और अपने जन्मकाल से ही अपनी वीरता के लिए प्रख्यात है।'

इन्द्र का शरीर सुगठित है। उसकी गर्दन मोटी और भुजायें सुदृढ़ हैं। उसका उदर बड़ा हुआ है। उसके हाथ में वज्र रहता है। यह लोहे का बना हुआ है। वह अपने शत्रुओं को मुटिठयों से भी भींच देता है। वह चतुर शत्रु से छाया युद्ध लड़ने में भी निपुण है। वह द्वेश नही करता, किन्तु यदि उसके शत्रु उससे द्वेष करते हैं तो उनका पराभव निश्चित है। मरुद्गण उसके मुख्य सैनिक है। वे प्रत्येक युद्ध में उसकी सहायता करते हैं। इन्द्र के शत्रुओं की कितनी भी बड़ी सेना हो, उसने कैसा भी घेरा डाला हो, इन्द्र से उसकी पराजय निश्चित होती है।

इन्द्र की यह सामर्थ्य उसे यज्ञकर्ताओं का प्रमुख संरक्षक बनाती है। इन्द्र स्वयं भी शतक्रतु है। उसके कार्य एकाग्रता पूर्वक किए गए होते हैं। वे सभी के कल्याण के लिए किए जाते हैं। वह परम सम्पन्न है। वह अपने भक्तों, विशेषकर यज्ञकर्ताओं को, सभी प्रकार की सुख समृद्धि प्रदान करता है।

इस मंडल में इन्द्र के घोडों और रथ का भी विशेष बखान मिलता है। उसके रथ के दोनों घोड़े सूर्य के समान देदीप्त हैं। वे धवल आकार के हैं। उसका रथ हिरण्यमय है (११०)। इन्द्र को विप्र (१५१), सुरः (२६७), ऋषि (२८३) और सत्व (१५१) आदि भी कहा गया है।

मंडल अष्टम के महत्वपूर्ण सूक्त-संदेश

१. एक ईश्वर के उपासक बन दुखों से त्राण पाओ ।
२. हे इन्द्र, तुम मेरे पिता से बड़े हो पर मेरी माता के समान ही हो ।
३. हमारी अलंकृत वाणी हमारी इच्छाओं को पूरा करने वाली हो ।
४. ईश्वर से कौन याचना नहीं करता ।
५. देवतागण आलसी मनुष्यों का परित्याग कर देते है ।
६. अपने विकास के लिए जागृत रहना जरूरी है ।
७. इन्द्र धरती और आसमान को चमड़े की तरह समेटे रखता है ।
८. हमारी सारी प्रार्थनायें एक ईश्वर तक पहुंचती हैं ।
९. मित्रों की सदा सहायता की जानी चाहिए ।
१०. देवताओं ने सभी लोकों को एक नियम से बांध रखा है ।
११. जिसे इन्द्र समर्थन देता है वह सदा विजयी होता है ।
१२. सन्मार्ग पर चलने वाले लोग ख्याति प्राप्त करते हैं ।
१३. ज्ञानी बुद्धिमान के ऊपर प्रतिष्ठा पाता है ।
१४. एक ईश्वर समस्त प्राणियों का शासक है ।
१५. इन्द्र यजनकर्ताओं का सुहृद है ।
१६. इन्द्र का भी यही कथन है कि एक स्त्री के मन पर नियंत्रण कठिन है ।
१७. जो नियत कार्य प्रसन्नता पूर्वक पूरे करता है, वह देवताओं में भी प्रतिष्ठित होता है ।
१८. ज्ञानी वरुण सभी का सुपोषण करता है ।
१९. वरुण के नियम अटल हैं ।
२०. सच्चा शासक प्रत्येक दिशा में रहने वाली प्रजा की समान चिन्ता करता है ।
२१. मैं अपने पुत्र और मित्र से नही मागता हूं ।
२२. उस एक ईश्वर की महिमा अपार है ।
२३. एक ही आकार की अग्नि अनेक आकार जला देती है ।

२४. एक ईश्वर ही नाना रूपों में अभिव्यक्त होता है ।

२५. अग्नि मर्त्यों में अमर होकर रहती है ।

२६. मनुष्य अपने कार्य और आचरण से ख्याति प्राप्त करता है ।;

१. अन्यत् चित् मा शंसत मा रिषण्यत (१)
२. मे पितु वस्यां असि- मे माता च समा (६)
३. सर्व दुघां सुदुघा अस्या अलंकृतः (१०)
४. ईशानं कः न याचिषत् (२०)
५. अतन्द्राः प्रमादं यन्ति (५२)
६. वृधे बोधि (७७)
७. इन्द्रः रोदसी चर्म इव सं अवर्तयत् (१६५)
८. मतिः इन्द्रं वनन्वती (१९४)
९. मित्रस्य सनिः (३१६)
१०. ते विश्वाभुवनानि येमिरे (३३२)
११. येषां इन्द्रः ते जयन्ति (४०३)
१२. ऋतावानः नमसः पदे (५५०)
१३. जातवेदसं यज्ञेषु पूर्व्यं (५६८)
१४. एकः इत् विश्वा कृष्टीः अभि अस्ति (५९५)
१५. सुन्वतः सखा (७२७)
१६. इन्द्रः चित् तत् अब्रवीत स्त्रियः मनः अशास्यं (७६१)
१७. मुदा परुकाव्या पुष्यति देवेषु यज्ञिया (८३६)
१८. कविः सः काव्या पुरुरूपं द्यौः इव पुष्यति (८५६)
१९. वरुणस्य सदा ध्रुवं (८६०)
२०. पुरुत्राः विश्वाः विशः अनु सदृङ् प्रभुः (८८९)
२१. सख्युः पुत्रस्य शूनं मा आ विदे (९६६)
२२. अ-नूनस्य श्रवः महि (१०९९)
२३. एकः एव अग्निः बहुधा समिद्धः (१११०)
२४. एकं वा इदं सर्व वि बभूव (१११०)
२५. मर्त्येषु अमृतः (१३०३)
२६. क्रत्वा यशश्वतः (१६८८)

नवम मंडल

नवम मंडल इस अर्थ में बहुत विशिष्ट है कि इसकी विषय वस्तु प्रायः एक है। यद्यपि इसमें एक ही ऋषिकुल की ऋचायें संग्रथित नहीं हैं किन्तु इसमें एक ही देवता 'सोम' को सभी ऋषियों ने अपनी प्रार्थनायें समर्पित की हैं। इसके मुख्य ऋषि अंगिरस हैं। सोम को रस, चन्द्रमा, ब्रहस्पति अथवा एक जड़ी के रूप में समझा गया है जिसका प्रभाव दैवी तन्मयता के रूप में बताया जाता है। प्रतीकार्थ में सोम अमृत रस है जो अमरता देता है। चूंकि इस अमृत रस का स्राव चन्द्रमा भी करता है अतः इसे विशुद्धिकारी पवमान भी कहा गया है।

मंडल नौ में आगे बढ़ते हुए यह स्पष्ट होने लगता है कि सोम आनन्द और अमृत तत्व का ही मूर्तीकरण है। वह अग्नि, वनस्पति, धरती और समुद्र- सभी स्थानों में विद्यमान है। यज्ञ कार्य में उसकी अनुष्ठान परक आवश्यकता है। उसे अद्रि, शिला पर पीसना एक प्रकार से इन्द्र के वज्र की क्रिया का संकेत देना है। सोम को ब्रह्मनस्पति भी कहा गया है जो कि बृहस्पति का दूसरा नाम है। इस रूप में सोम की रचनात्मक क्षमता का संकेत दिया गया है। यह बार बार कहा जाता है कि इस पेय की तैयारी और उसकी सुरक्षा एक महत्वपूर्ण कार्य है। इसे निचोड़ने के बाद इसके छानने और इसके परिशुद्ध करने की आवश्यकता होती है जिससे इसके दुष्प्रभावों को रोका जा सके।

सोम को आगे गंधर्व के रूप में भी विस्तार दिया गया है क्योंकि तन्मयता की अवस्था संगीत की एकरसता ला देती है। सोम को अमृत भी कहा गया है। सोम इस प्रकार मानव जीवन का वह सारतत्व कहा जा सकता है जो अविनाशी और सभी पदार्थों के मूल में है। यह सर्वत्र मौजूद है और इसका कोई रूप रंग नही है किन्तु वह समस्त रंग और रूपाकार पदार्थों का मूल है। इस तथ्य को यज्ञ और हवन की प्रणाली से ठीक तरह से समझा जा सकता है। हवन कार्य में पदार्थों की आहुतियां अग्नि को अर्पित की जाती हैं। जब सोम की भी अग्नि में आहुति दी जाती है तो सोम अग्नि रूप में स्वतः परिवर्तित हो जाता है। अग्नि ज्वाला में परिवर्तित होकर आगे जाकर प्रकाश का रूप ले लेती है। किन्तु अन्ततः यही अग्नि अपनी दाहकता त्यागकर सोम में पर्यवसित होती है। सोम और अग्नि का यह वर्तुल ही वस्तुतः यज्ञ विधान है। सोम और अग्नि सामान्यतया भोक्ता और भोग्य प्रतीत हो सकते हैं किन्तु उनका संयोग सृष्टि क्रिया का निष्पादन है। वे एक दूसरे के बड़े पूरक है। भगवान कृष्ण गीता में अपने आप को ऐसा सोम बताते हैं जो सभी औषधियों का पोषण करता है-

पुष्णामि चौषधीः सर्वाः सोमो भूत्वा रसात्मकः। १५/१३।

ऋषि अंगिरा और उनकी संदृष्टि

अंगिरा और अंगिरस साधारणतया बृहस्पति के पर्याय हैं। मंडल पांच (७-६) में अत्रि इन्हें अग्नि का आविष्कारक बताते हैं। कभी कभी अंगिरा को प्रातः उषा काल के गगन बिम्ब के रूप में भी स्मरित किया गया है। इन्हें तब अग्नि का भी पर्याय बताया गया है जब इन्द्र के अंगिरस बनने का उल्लेख हुआ है। इस प्रकार अंगिरा एक द्रष्टा ऋषि मात्र न होकर अनेक वैदिक

प्रतीकों की अर्थवत्ता समेटे हुए है। यह शब्द अंग धातु से निकला है। मंडल १० के सूक्त ६२ में आंगिरसों को अग्नि का पुत्र कहा गया है। पुराणों में यह उल्लेख आता है कि इस ऋषि ने इतना तप किया कि अग्नि को अपनी रक्षा के लिए जल में शरण लेनी पड़ी और अन्ततः ऋषि के पास जाकर स्वीकार करना पड़ा कि 'आप ही अग्नि हैं'।

मंडल एक के सूक्त ३१ के मंत्र १७ में अंगिरस मनु और ययाति, सूक्त ३९ के मंत्र ९ में कण्व और अत्रि तथा मंडल ८ के सूक्त ४३ के मंत्र १३ में भृगु के साथ वर्णित हैं। मंडल १० के सूक्त ६७ के अनुसार बृहस्पति अंगिरा के पुत्र थे। अंगिरस ने एक बार देवताओं से गाय मांगी। देवताओं ने उन्हें गाय दे भी दी किन्तु वे उसे दुहना नहीं जानते थे। इसके लिए उन्होने अर्यमान की सहायता प्राप्त की। आंगिरस ही इन्द्र की प्रार्थना के बाद अंधकार के निवारण में समर्थ हुए। वे प्रारम्भ में एक मनुष्य थे किन्तु ज्ञान के आधार पर उन्होने देवत्व प्राप्त किया। पहले उन्होने ध्वनि और बाद में छंद का ज्ञान प्राप्त किया। ४.२.१६। वास्तव में सम्पूर्ण ऋग्वेद में अंगिरा और उनके ऋषिकुल का उल्लेख मिलता है। उन्हें ब्रह्मा का मानस पुत्र भी कहा गया है और उनकी पत्नी कहीं श्रद्धा तथा कही कहीं पर स्मृति कही गई हैं।

अंगिरस के कारण ही पणियों की कैद से बृहस्पति की गायों की मुक्ति हुई। उन्होंने इसके लिए इन्द्र की गुप्तचर सरमा का उपयोग किया। उन्होंने मंत्र वल से पणियों का संहार भी किया। १.७१.१। अंगिरस के पुत्र कुत्स सविस्तार बताते हैं कि पणियों ने गायों को किस प्रकार से चुराया। १.१०१.५। उन्हें अन्ततः एक कुयें में भी डाल दिया गया था जहां से उनकी मुक्ति इन्द्र ने कराई। १.१०६.६। गायों को एक विशाल पर्वत गुहा में छुपा कर रखा गया था। अंगिरस को पणियों की रणनीति का अच्छा ज्ञान था। उन्होने अग्नि को अपने प्रभावशाली अस्त्र के रूप में उपयोग में लिया। २.२४.७।

अंगिरस यज्ञ के बड़े समर्थक थे। वे दश माह तक के यज्ञ किया करते थे। वे सूर्य वंश के राजा सुदास के मुख्य पुरोधा थे। वे इस प्रकार इह लोक और परलोक के सुख के सहायक थे। उन्होने यज्ञ की शक्ति से बलासुर को विनष्ट किया।

अंगिरस के पुत्र हिरण्यस्तूप, निमोध सप्तगु, संकपूत, प्रियमेध, सिन्धुसित, वीतहव्य, अभिवर्त, संवर्त और हविर्धन इस मंडल के अनेक सूक्तों के प्रणेता हैं। इस मंडल की परिशुद्धकारी शक्ति के कारण इसे पवमान मंडल भी कहा जाता है। इसके सूक्त केवल सोम की स्तुति मात्र न होकर ऐसा रसायन हैं जो भैतिक और आध्यात्मिक दोनों ही प्रकार की अभिवृद्धि में सहायक है।

मंडल नवम के महत्वपूर्ण सूक्त-संदेश

१. हमारे घर में धान्य भरो ।

२. हमारे यज्ञ में भारती, सरस्वती और इला पधारें ।

३. यज्ञ की आत्मा सोम पुरोहित की बुद्धि को प्रखर बनाता है ।

४. जब यज्ञ में सोम का आवाहन होता है तो इन्द्र उसमें प्रवेश करता है ।

५. हमारी धरती अन्न उत्पन्न करे ।

६. हमें गाय, घोड़े, विद्या और सब सम्पन्तायें दो ।

७. तुम आनन्द के अमित स्रोत हो ।

८. हमारे उन मित्रों को पास लाओ जो दूर रहते हैं ।

९. हमें प्रभूति प्रसिद्धि प्रदान करो ।

१०. सोम मधुर, पवित्र और परिशुद्धकारी है ।

११. युद्धकाल में तुम्हें अन्न दान करना चाहिए ।

१२. असंस्कृतों को संस्कारित करो ।

१३. हमें ऐसा विविध प्रकार का भोजन मिले जो यक्षमा आदि व्याधियों से रहित हो ।

१४. हे पवमान सोम! तुम सारी बाधाओं को दूर करके एक ज्ञानी की तरह उच्च आसन पर बिराजो ।

१५. हमारी समस्त प्रार्थनायें तुम तक पहुंचें ।

१६. अपने कर्तव्यों को वीरता पूर्वक सम्पन्न करो ।

१७. शास्त्रों का कथन है कि मित्र मित्र से प्रशंसा प्राप्त करता है ।

१८. हे सोम, हमें उस भय से त्राण दो जो निकट है, जो दूर है और जो अभी पहुंचा नही है ।

१९. हम इस पृथिवी पर घृणा रहित होकर निवास करें ।

२०. यहां रहने वाले सभी द्विपद और चतुष्पद शान्ति से रहें ।

२१. आकाश और पृथिवी हमारी रक्षा करें ।

२२. हम आकाश और पृथिवी को अपने शब्दों से ही पृथक करते हैं ।

२३. अमर सोम की किरणें कभी मलिन नहीं पड़तीं ।

२४. हमें ऐसे पापों से त्राण दो जो पूर्व में ही आकर दुख बढ़ा देते हैं ।

२५. सोम रस को पत्थर पर पीस और निचोड़कर स्वच्छ किया जाता है ।

२६. पुजारी सोम का प्रार्थना और प्रिय स्वरों से आह्वान करते हैं ।

२७. सोम पवित्र प्रार्थनाओं को स्वीकार करता है ।

२८. दुर्जन यज्ञ के पवित्र पथ का अनुशरण नही करते ।

२९. विद्वान् सूक्ष्म रूप से सभी कुछ देखता है ।

३०. कर्म में असमर्थ लोग अपने पद से च्युत हो जाते हैं ।

३१. यज्ञ की जिह्वा की तरह सोम मधुर और प्रिय है ।

३२. सोम पुरोहित को वैसे ही प्रसन्न करता है जैसेकि पत्नी पति को करती है ।

३३. तुम इस विश्व और भुवनों के परम अधिपति हो ।

३४. हे सोम ! तुम हमारे परम आश्रय हो ।

३५. तुम पृथिवी और आकाश के आश्रय हो ।

३६. ये सभी लोक तुम्हारे प्रिय हैं ।

३७. तुम पृथिवी के समस्त कार्यो के द्रष्टा हो ।

३८. हम इस संसार में दीर्घजीवी हों ।

३९. तुम हमारे प्रिय मित्र की तरह हो ।

४०. तुम रक्षा करने में परम दक्ष हो ।

४१. तुम अपने महान कार्य से सदा हमारी रक्षा करते हो ।

४२. यह मानव विनिर्मित सोम अमृत है ।

४३. तुम श्रेष्ठ रचना से आनन्दित होते हो ।

४४. हे सोम हमारे इस कलश में विराजो ।

४५. सोम प्रकाशयुक्त प्रार्थनाओं से आहूत होता है ।

४६. तुम सभी रोगों के निवारक हो ।;

१. नः वस्यसः कृधि (३१)

२. भारती पवमानस्य सरस्वतीला मही इमं नो यज्ञमा गमन् (४८)

३. आत्मा यज्ञस्य रंह्या प्रत्नं नि पाति काव्यम् (५९)

४. परि यत् काव्या कवि (६४)

५. पृथिव्या अधि द्युम्नं (७७)

६. गां अश्व मेधं स्वः सना (८७)

७. मदेषु सर्वधा असि (१५६)

८. अपस्तस्थषः उप शिक्ष (१६८)

९. बृहद् यशः अभ्यर्ष (१७३)

१०. सोमः मध्वः शुचिः पावकः उच्यते (२०४)

११. भवा वाजस्य संगथे (२४४)

१२. अनिष्कृतं परिष्कुर्वन् (२९०)

१३. अयक्ष्मा बृहतीरिषः (३४७)

१४. त्वं सोम पवमानो विश्वानि दुरिता तर कविः सीद नि बर्हिषि (३९३)

१५. अभि विश्वानि काव्या (४५३)

१६. वृषा धर्माणि दधिषे (४८९)

१७. अभि विश्वानि काव्या सखा सखिभ्य ईडयः (५४९)

१८. यदन्ति यच्च दूरके भयं विन्दति मामिह पवमान वि तज्जहि (५९९)

१९. अद्वेषे द्यावापृथिवी हुवेम (६२०)

२०. नः निवेशे द्विपदे चतुष्पदे शं (६२७)

२१. द्यावा पृथिवी नः देवैः प्रावतं (६३०)

२२. उभे द्यावा पृथिवी काव्येन विशश्रये (६३२)

२३. अस्य अमृत्यवः अदाभ्यः केतवः अनुयन्तु (६३३)

२४. पुरा नः बाधात् दुरिता अति पवस्व (६३९)

२५. अद्रिभिः गभस्त्योः सुतः पवते (६४३)

२६. ई प्रियं गिरा आ रि न्ति (६४६)

२७. पवित्रवन्तः वाचं परि आसते (६६१)

२८. ऋतस्य पन्थां दुष्कृतः न तरन्ति (६६४)

२९. विश्वा भुवनानि विद्वान् सः अभिपश्यति (६६६)

३०. अप्रभुः कर्तं अब पदाति (६६७)

३१. ऋतस्य जिह्वा प्रियं मधु पवते (६७८)

३२. जाया पत्यै इव शेव अधि मंहसे (७१५)

३३. विश्वस्य भुवनस्य पतिः राजासि (७४३)

३४. सोम त्वं प्रथमः धामधः असि (७६६)

३५. त्वं द्यां च पृथिवीं च जभ्रिषे (७६७)

३६. तुभ्यं इमानि विश्वानि भुवनानि येमिरे (७६९)

३७. त्वं विश्वतः नृचक्षाः असि (७७६)

३८. वयं भुवनेषु जीवसे स्याम (७७६)

३९. प्रियः मित्रः न त्वं शुचिः असि (८०३)

४०. अर्यं एव दक्षाय्यः असि (८०३)

४१. यूयं स्वस्तिभिः सदा नः पात (८१६)

४२. यः अमृतः मर्त्येभिः नृभिः मृजानः (८१८)

४३. विश्वेषु काव्येषु रन्ता भुवंत् (८२५)

४४. इन्द्रो! सोमधनं कलशं आ विश (९००)

४५. विप्राः मतिभिः सोमं पृच्छमानाः (९०२)

४६. अमीवां अप बाधमानः (९१०)

दशम मंडल

मंडल एक की ही तरह मंडल दशम में १७१ सूक्त और अनेक द्रष्टा ऋषि हैं। कुछ व्याख्याकारों का कहना है कि ऋग्वेद का अंतिम भाग होने के कारण ही दशम मंडल में सभी कुछ शेष सम्मिलित कर दिया गया है। इसकी विषय वस्तु और भाषा भी यही संकेत देती है कि इसकी रचना परवर्ती है। इसके कुछ सूक्त इस प्रकार तुलनात्मक आधार पर नयी भाव भूमिका के हैं किन्तु इसकी कविता निश्चित ही प्राचीनतम है। इसके महत्वपूर्ण देवता इन्द्र, अग्नि और विश्वेदेवा ही हैं जिनके संबंध में क्रमशः ४८, ३५ और ३० सूक्त रचे गए हैं। अन्य उल्लेखनीय देवता हैं अश्विनीकुमार, यम, बृहस्पति, सोम, वायु, सूर्य इत्यादि। यह मंडल इसलिए विशेष महत्वपूर्ण है क्योंकि इसमें दर्शन विषयक अधिकतम सूक्त हैं। पुरुष सूक्त, हिरण्यगर्भ, नासदीय, विश्वकर्मा, और ज्ञान इसी के अन्तर्गत हैं। इसमें नाटकीय संवाद - सरमा-पणि और उर्वशी-पुरूरवा तथा सूर्या के विवाह समारोह का रोचक चित्रांकन भी है।

द्रष्टा ऋषि

भारतीय परंपरा में सप्तर्षि समस्त मानव जाति के पूर्वज हैं। वे कैसे पैदा हुए? मंडल दश के सूक्त २७ के मंत्र १५ के अनुसार वे प्रजापति के इन्द्र रूपी गर्भ से उत्पन्न हुए। वे अष्ट बालखिल्य के पिता हुए। इसके बाद नौ भृगु और आठ अंगिरा ऋषि पैदा हुए। सप्त ऋषियों ने पहले पहल सूर्य की आराधना की। १०.१४.६ के अनुसार अंगिरा, अथर्व और भृगु उल्लेखनीय पूर्वज हैं। अंगिरा यज्ञ के प्रमुख उन्नायकों में से हैं। वे सत्याचरण प्रिय, सत्यवक्ता, बुद्धिमान और सामवेद की ऋचाओं के गायक थे। १०.७८.५।

वामदेव के पुत्र बृहदुख्ज ५४ से लेकर ५६ तक के सूक्तों के रचयिता हैं। सूक्त ५६ के सात मंत्र इस प्रश्न कि 'मृत्यु के बाद आत्मा कहां जाती है' का दार्शनिक आधार पर विश्लेषण करते हैं। सातवें मंत्र में ऋषि का कहना है- 'जिस प्रकार मनुष्य नौका से नदी पार करते हैं, जिस प्रकार वे धरती के विविध छोरों पर जाते हैं और जिस प्रकार धर्म पथ पर चलते हुए बाधायें दूर होती हैं, मैंने अपने मृत पुत्र (बज्ज) को सूर्य, अग्नि और आकाश के सूक्ष्म तत्वों में मिल जाने में सहायता की है।'[१]

ऋषिकायें

इस मंडल में अनेक ऋषिकायें जैसे घोषा, सूर्या, वागाम्भ्रणी आदि उल्लेखनीय रूप से विवरणित हैं। इनके सम्बंध में संक्षिप्त उल्लेख निम्न प्रकार से है -

घोषा

घोषा ऋषि कक्षीवान की पुत्री थी। वह अपने बचपन से ही कोढ़ रोग से ग्रस्त थी। इस बीमारी के कारण उसका विवाह नहीं हो रहा था। अश्विनीकुमारों की कृपा से वह स्वस्थ्य हुई और उसका विवाह भी हो गया। अश्विनीकुमारों ने उसे मधु विद्या सिखाई। वह इस प्रकार एक ऋषिका बनी जैसा कि सूक्त ३९ से लेकर ४१ तक स्पष्ट है।

'हे अश्विनीकुमारो ! आपकी कृपा से मेरा भाग्य लौट आया है । आपकी कृपा से अब अच्छी जल वृष्टि हो जिससे मेरा पति अपने खेत से अच्छी फसल उगा सके । आपकी कृपा दृष्टि मेरे पति का हिंसा से भी त्राण करे । मुझे सुन्दर और युवा पति मिले जिसके साथ मैं दीर्घकाल तक रह सकूं ।

'जिस प्रकार एक पिता अपने पुत्र को शिक्षा देता है, तुम हमें अच्छे पाठ पढ़ाओ । मैं अज्ञान हूं । आपकी कृपा से मेरी दुर्भाग्य से रक्षा हो । तुम मुझे जीवन की सफलता के लिए पुत्र, पौत्रों, प्रपौत्रों को दो । मैं अपने पति के घर में सुखपूर्वक रह सकूं ।'२

सूर्या

इस मंडल के ८५ वें सूक्त की ४७ ऋचाओं की रचना सूर्या ने की है । जब विवाह के बाद पिता के घर से सूर्या विदा हो रही होती है, उस समय का दृश्य बहुत भावात्मक और चित्रात्मक है । वह उस समय मन के रथ पर सवार थी जिसके पहिए सूर्य और चन्द्र के थे । उसके ऊपर आकाश की चादर तनी हुई थी तथा पवन उसका मार्ग बता रहा था ।

सूर्या इस सूक्त के आरम्भ में पहले सोम की महिमा का बखान करती है । इस का आरम्भ वेद की सामान्य पद्धति जो कि दर्शन प्रधान है, के अनुरूप ही होती है । इसमें महत्वपूर्ण दार्शिनिक सिद्धान्तों की निष्पत्ति इस प्रकार की गई है-

'पृथिवी सत्य पर आधारित है, सूर्य आकाश से शक्ति गृहण करता है । आदित्य ऋत में अवस्थित हैं और सोम आकाश में स्थित है । सोम से आदित्य बलवान हैं, सोम से ही पृथिवी महान है । सोम पूरे नक्षत्र मंडल में महत्वपूर्ण स्थान धारित किए है ।' ३

सूर्या इस सूक्त में एक आदर्श परिवार की कल्पना करती है । एक वधू के नए परिवार के विभिन्न सदस्यों से कितने सुखद सम्बन्ध हो सकते हैं, यह कल्पना इसमें बहुत रोचक आधार पर की गई है । किसी भी संयुक्त परिवार में उसकी भूमिका बड़ी महत्वपूर्ण है अन्यथा उसमें बड़ी जल्दी बिखराव आना शुरू हो जाता है । यह इसलिए भी होता है क्योंकि बधू के ससुराल के सदस्यों में एक श्रेष्ठता का भाव काम करता है । ऐसे अवसर पर इस नए मेहमान में सुरक्षा का भाव भरा जाना बहुत आवश्यक है । इस समय उसे सभी के स्नेह और सत्कार की बहुत आवश्यकता होती है जिससे वह बहुत शीघ्र इस नए परिवार से आत्मिक संबंध कायम कर सके । सूर्या बधू को इन शब्दों में आशीष देती है-

श्वसुर की स्वामिनी बनो
तुम अधीश्वरी देवरों की
ननद की रानी
महारानी रहो
सासू की तुम बनकर । ८५.४६ ।

वागम्भ्रणी

यह ऋषिका अम्भ्रण की पुत्री थी । वह परम ख्याति प्राप्त विदुषी थी । वह ज्ञान के उस शिखर पर स्थित थी जहां उसे स्वयं ज्ञान की देवी के रूप में प्रतिष्ठा प्राप्त हो गई थी । इस मंडल के सूक्त १२५ के ८ मंत्र वाक् सूक्त के रूप में जाने जाते हैं । वाक् वाणी की देवी है । वह देवों और मनुष्यों के मध्य संवाद का माध्यम है । उसका सर्व शक्तिमान ईश्वर के साथ तादात्मीकरण इतना पूर्ण है कि उसकी घोषणा है-

वायु जैसी संचरित, परिव्याप्त
मैं हूं विश्व, भुवनों का -
प्रथम आरम्भ, कारण
स्वर्ग से ऊपर, धरा से भी परे
मैं प्रकट
महिमा स्वयं की हूं । १२५.८ ।

मंडल के कुछ महत्वपूर्ण विषय

मंडल दशम भारतीय दर्शन के मूल सिद्धान्तों का आदि केन्द्र है । इसमें अनेक पौराणिक मिथकों के कथानकों की आधार सामग्री भी प्रचुरता से भरी हुई है । इस प्रकार के कुछ उदाहरण नीचे दिए जा रहे हैं ।

सृष्टि रचना का सिद्धान्त

आज के विज्ञान की सबसे क्रान्तिकारी खोज विकासवाद का सिद्धान्त बताई जाती है । इस मंडल का सूक्त ९० जो पुरुष सूक्त के नाम से जाना जाता है, इस सिद्धात की हजारों साल पुरानी अत्यन्त दार्शनिक स्थापना करता है । यह सूक्त ऐसे विराट पुरुष के अभिचित्रण से आरम्भ होता है 'जिसके हजार शिर, हजार आखें, हजार पांव हैं और जो सारे संसार को ढंके हुए है। किन्तु वस्तुतः वह इसके परे है । वह अमरत्व का भी स्वामी है । यह द्रश्यमान संसार उसका केवल चौथाई भाग ही है तथा उसके तीन पाद अव्यक्त और अदृश्य हैं । सबसे पहले चेतन संसार, विराट का जन्म हुआ इसके बाद विकास की बृहद् परम्परा में पृथिवी, ग्रह पिण्ड और जीवन का आरम्भ हुआ । इसी काल में चेतन आत्मा ने भी जीव की इकाई का अस्तित्व ग्रहण कर लिया ।

'इस प्रकार आदि पदार्थ द्वारा आदि क्रिया का रूप ले लेने से पदार्थों की आण्विक संरचना में अन्तर आया । वैदिक ऋषि इसे विराट यज्ञ की संज्ञा देते है जो कि जीवन जैसे वनसपति, अन्न, फल और फूल आदि को आधार और गति प्रदान करने के लिए आवश्यक था । इस प्रकार जीवों, मनुष्य और पशुओं को संजीवनी प्राप्त हो जाने से पृथिवी पर जीवन का विकास होने लगा ।

'संसृति के इस रचनाक्रम में तीन प्रकार के जीवधारियों की संरचना हुई- घरेलू पशु जैसे घोड़े, गधे आदि जिनके ऊपर और नीचे दांत थे; गाय, बकरी, भेड़ आदि जिनके केवल नीचे के जबड़े में ही दांत थे और बुद्धिमान प्राणी मनुष्य जिसमें दैवी सामर्थ्य तक विद्यमान थी ।

इनमें संन्यासी, ऋषि, द्रष्टा आदि भी थे जिनको वेदों का ज्ञान था और वे समाज को संगठित तथा पूर्ण विकसित विकसित बनाए जाने के प्रति सचेष्ट रहते थे।'४

१२१वां हिरण्यगर्भ सूक्त मनुष्य की सनातन जिज्ञासा का अत्यन्त दार्शनिक अभिचित्रण है। इसके अनुसार 'सृष्टि के आदि में हिरण्यगर्भ था जो समस्त सृष्टि रचना का बीज कारण था। वही समस्त प्रकट संसार का एकमात्र अधीश्वर था। उसने ही धरती और आसमान को स्थिरता प्रदान की थी। उस एक ईश्वर को छोड़कर हम और किसकी उपासना कर सकते हैं!' ५

वैदिक ऋषि ऐसे उपदेशक नहीं थे जो धार्मिक आदेश देते हुए अपने कर्तव्य की इतिश्री मान लेते हैं। उनका चिन्तन अनुभूति प्रधान था और वे सतत जिज्ञासा लेकर अपनी खोज में प्रवृत्त होते थे। इस सूक्त के अंतिम मंत्र में ऋषि की ऐसी ही जिज्ञासा प्रकट होती है जब वह संसार के उद्गम पर विचार करते हुए इसके स्वामी की जानकारी के ऊपर भी संदेह करने लगता है -

सृष्टि यह जिससे बनी वह धारता भी है
यदि नहीं फिर विज्ञ इसको कौन जाने !
ईश इसका शीर्ष नभ में जो अवस्थित
जानता होगा स्वयं
पर नही वह, तब कौन ?
यह संप्रश्न है ! ६

स्वर्ग शुनि सरमा

सूक्त १०८ इन्द्र की दूती सरमा और दस्यु पणियों के बीच का बड़ा रोचक नाटकीय संवाद है। इन्द्र ने इसे एक जासूस और दूत के रूप में पणियों के अत्यन्त सुरक्षित गढ़ में सेंध लगाने भेजा था क्योंकि पणियों ने अंगिरा की गायों को चुरा लिया था। सरमा ने अपना दायित्व बड़ी निपुणता से निभाया और पणियों के द्वारा दिए गए अनेक प्रलोभनों को त्यागकर उसने उन्हें समय पूर्व कड़ी चेतावनी दी -

दूर देश चले जाओ हे पक्षियों
पर्वत विदार देंगी उर्ध्वगामी ये गायें
अंगिरस, सोम, ऋषि, ब्राह्मण,
बृहस्पति सभी
पा लेते वह भी
जो परम रहस्य हैं।७

श्री अरविन्दो के अनुसार यह कोई नाटकीय संवाद न होकर आध्यात्म का रहस्य पाठ है जो प्रतीकों के माध्यम से समझाया गया है। उनके अनुसार सरमा प्रकाश और पणि अंधकार की शक्तियों का प्रतिनिधित्व करते हैं तथा सरमा की विजय की घोषणा सत्य और आध्यात्म के रूपान्तरण का ध्रुव जय घोष है जो वास्तविक मानवीय नियति है।

१. नावा न क्षोदः प्रदिशः पृथिव्याः स्वस्तिभिरति दुर्गाणि विश्वा
स्वां प्रजा बृहदुक्थो महित्वा ऽऽवरेष्वदधादा परेषु (५६७)

२. इयं वामह्वे श्रृणुपुतं मे अश्विना पुत्रायेव पितरा मह्यम् शिक्षितम्
अनापिरज्ञा असजात्यामतिः पुरा तस्या अभिशस्तेरव स्पृतम् (४०३)

३. सत्येनोत्तभिता भूमिः सूर्येणोत्तभिता द्यौः
ऋतेनादित्यास्तिष्ठन्ति दिवि सोमो अधि श्रितः
सोमेनादित्या बलिनः सोमेन पृथिवी मही
अथो नक्षत्राणामेषा मुपस्थे सोम अहितः (८६९-८७०)

४. सहस्रशीर्षा पुरुषः सहस्राक्षः सहस्रपात्
स भूमिं विश्वतो वृत्वा ऽत्यतिष्ठद्दशांगुलं
पुरुष एवेदं सर्वं यद्भूतं यच्च भव्यम्
उतामृतत्वस्येशानो यदन्नेनातिरोहति
एतावानस्य महिमा ऽतो ज्यायांश्च पूरुषः
पादोऽस्य विश्वा भूतानि त्रिपादस्यामृतं दिवि
त्रिपादूर्ध्व उदैत पुरुषः पादोऽस्येहाभवत् पुनः
ततो विष्वङ् व्यक्रामत् साशनाशने अभि
तस्मात्विराळजायत विराजो अधि पूरुषः
स जातो अत्यरिच्यत पश्चाछ् भूमि मथो पुरः (९०, १-५)
तस्मादश्वा अजायन्त ये के चोभयादतः
गावो ह जज्ञिरे तस्मात् तस्माज्जाता अजावयः (९०,१०)

५. हिरण्यगर्भः समवर्तताग्रे भूतस्य जातः पतिरेक आसीत
स दाधार पृथिवीं द्यामुतेमां कस्मै देवाय हविषा विधेम

६. इयं विसृष्टिर्यत आबभूव यदि वा दधे यदि वा न
यो अस्याध्यक्षः परमे व्योमन् त्सो अङ्ग वेद यदि वा न वेद (१२९,७)

७. दुरमित प ।यो वरीय उद्गावो यन्तु मिनतीऋतेन
बृहस्पतिर्या अविन्दन्निळहाः सोमो ग्रावा । ऋषयश्च विप्राः (१०८-११)

मंडल दशम के महत्वपूर्ण सूक्त-संदेश

१. यज्ञ की अग्नि हिंसा रहित आहुतियां स्वीकार करती है ।

२. हम देवताओं द्वारा बताए गए मार्ग पर चलेंगे ।

३. जो सत्य के मार्ग पर चलते है वे सदा पुरस्कृत होते हैं ।

४. विद्वान अपनी वाणी को उसी तरह से परिस्कृत कर बोलते है जिस प्रकार से आटे से भोजन तैयार किया जाता है ।

५. पात्र पुरुष के सामने वाक् अपने आपको वैसे ही उपस्थित करती है जिस प्रकार एक पत्नी पति के समक्ष निर्वसन हो जाती है ।

६. देवताओं की उत्पत्ति के पहले असत् ने सत् को जन्म दिया ।

७. स्रष्टा विश्व-चक्षु विश्व-मुख, विश्व-बाहु और सर्वत्र मौजूद है ।

८. सूर्या आकाश की चुनरी पहने हुए थी तथा धरती और स्वर्ग उसके खजाने थे ।

९. वह मनोमय रथ में सवार थी तथा उसके ऊपर आकाश की चादर तनी हुई थी ।

१०. मैं तुम्हारा (पत्नी का) हाथ इसलिए ग्रहण करता हूँ कि तुम वृद्धावस्था तक मेरे साथ सुख पूर्वक रह सको ।

११. तुम (पति और पत्नि) यहां इकठ्ठे रहो और कभी अलग मत होना ।

१२. तुम (बधू) इस घर में सभी संबंधियों की साम्राज्ञी के रूप में निवास करो ।

१३. ईश्वर के मन से चन्द्रमा उसकी आखों से सूर्य और मुख से इन्द्र और अग्नि उत्पन्न हुए तथा उसके प्राणवायु ने पवन को जन्म दिया ।

१४. एक स्त्री की मित्रता दीर्घजीवी नहीं होती ।

१५. जो (ईश्वर) सारे संसार को नष्ट करता है मैं उसे नष्ट होते हुए नहीं देखता ।

१६. ऐसा कोई मित्र, मित्र नहीं है जो मित्रता प्रदान नहीं कर सकता ।

१७. वह समस्त प्राणी मात्र का एक ही ईश्वर है ।

१८. मैं इस संसार की एकमात्र स्वामिनी हूँ और मुझमें ही सारा वैभव समाया है ।

१९. सृष्टि के आरंभ में न सत् था और न ही असत् ।

२०. उस समय न जीवन था और न ही मृत्यु ।

२१. यह कौन जानता है कि ये संसार कैसे बना तथा भविष्य में भी इसे जानने का दावा क्या कोई कर सकता है ?

२२. उसने तप के द्वारा ऋत और सत् की संरचना की ।

२३. साथ-साथ चलो, साथ-साथ बोलो तथा तुम्हारे मन एक धारणायुक्त हों ।

२४. तुम्हारे विचार, तुम्हारा समूह, तुम्हारे मन और तुम्हारे विचार एक जैसे हों ।

१ अध्वरस्य होतारं अग्नि (५)

२ देवानां पन्था अपि आगन्म (१०)

३ स्वस्तिरिद्धि प्रपथे श्रेष्ठा (६६१)

४ सक्तुमिव तितउना पुनन्तो (७५८)

५ जायेव पत्य उशती सुवासाः (७६०)

६ देवानां युगे प्रथमे ऽसतः सदजायत (७७०)

७ विश्वतश्चक्षुरुत विश्वतोमुखो विश्वतोबाहुरुत विश्वतस्पात् (८४३)

८ चित्तिरा उपबर्हणं ...द्यौ भूमिः कोश आसीद् (८७५)

९ मनो अस्या अन आसीद् द्यौरासीदुच्छदिः (८७८)

१० गृभ्णामि ते सौभगत्वाय हस्तं मया पत्या जरदिष्टिर्यथासः (९०४)

११ इहैव स्तं मा वि यौष्टं (९१०)

१२ सम्राज्ञी श्वशुरे भव सम्राज्ञी श्वश्र्वां भव
ननान्दरि सम्राज्ञी भव सम्राज्ञी अधि देवृषु (९१४)

१३ चन्द्रमा मनसो जातश्चक्षोः सूर्यो अजायत
मुखादिन्द्रश्चाग्निश्च प्राणाद्वायुरजायत (१०१३)

१४ न वै स्त्रियाणि सख्यानि सन्ति (१०९०)

१५ नाहं तं वेद दभ्यं दभत् स (१२५०)

१६ न स सखा यो न ददाति सख्ये (३३७)

१७ भूतस्य जातः पतिरेक आसीत (१३७४)

१८ अहं राष्ट्री संगमनी वसूनां

१९ नासदासीन्नो सदासीत तदानीं (१४४२)

२० न मृत्युरासीदमृतं न तर्हि (१४४३)

२१ को अद्धा वेद क इह प्र वोचत् कुत आजाता कुत इयं विसृष्टिः (१४४७)

२२ ऋतं च सत्यं चाभीद्धात् तपसोऽध्यजायत (१७४८)

२३ सं गच्छध्वं सं वदध्वं सं वो मनांसि जानताम् (१७५२)

२४ समानो मंत्रः समितिः समानी समानं मनः सह चित्तमेषाम् (१७५३)

६

ऋग्वेद के खिल सूक्त

खिल विभिन्न शाखाओं की व्याख्याओं पर आधारित सामग्री है । विभिन्न शाखाओं में भिन्न भिन्न खिल सूक्त कुछ सामान्य सूक्तों के साथ मिलते है । प्रत्येक खिल सूक्त ऋग्वेद की चार शाखाओं बास्कल, अश्वलायन, सांख्यायन, और माण्डूक्यायन, से संबध रखते है । प्राचीन ब्राह्मण और वृहद देवता इन खिल सुक्तों के मंत्रों का उल्लेख करते है । इस प्रकार खिल सूक्त ऋग्वेद के ही अंग है तथा केवल लोकप्रियता के ही कारण इन्हें ऋग्वेद के परिशिष्ट के रूप में संलग्न मात्र नहीं कर दिया गया है ।

ऋग्वेद के अनेक परिशिष्ट है । इनमें सबसे महत्वपूर्ण अनुक्रमणियन है। इससे यही सिद्ध होता है कि इतना अधिक समय व्यतीत हो जाने के बाद भी ऋग्वेद का क्रम और संख्या अप्रभावित बनी हुई है । कात्यायन और शौनक ऋषि ने वैदिक साहित्य को उसके मूलरूप में बनाए रखने के लिए महत्वपूर्ण योग दिया है । कात्यायन ने ऋग्वेद सर्वानुक्रमणी और शौनक ने शौनक स्मृति लिखी ।

जैसा कि पूर्व में भी कहा गया है, वेदों की अनुक्रमणिका दो प्रकार की है, मण्डल और अष्टक के रूप में । १० मण्डलों के सूक्त और मंत्रों की संख्या निम्न प्रकार से है-

मण्डल	सूक्त	मंत्र
प्रथम	१९१	२००६
द्वितीय	४३	४२९
तृतीय	६२	६१७
चतुर्थ	५८	५८९
पंचम	८७	७२७
षष्ठ	७५	७६५
सप्तम	१०४	८४१
अष्टम	९२	१६३६

नवम	११४	११०८
दशम	१९१	१७५४
योग	१०१७	१०४७२
बाल्यखिल्य सूक्त	११	८०
महायोग	१०२८	१०५५२

अष्टकों पर आधारित वर्गीकरण इस प्रकार से है-

अष्टक	सूक्त	मंत्र	अक्षर
प्रथम	१२१	१३७०	४८९३१
द्वितीय	११९	११४७	५१७१८
तृतीय	१२२	१२०९	४७६३६
चतुर्थ	१४०	१२४९	४९७६२
पंचम	१२९	१२६३	४८०२२
षष्ठ	१२४	१६५०	४८२१२
सप्तम	११६	१२६३	४७५६२
अष्टम	१४६	१२८१	५२१७८
योग	१०१७	१०४७२	३९४२२१
बालखिल्य	११	८०	३०४४
महायोग	१०२८	१०५५२	३९७२६५

खिल सूक्तों की संख्या ३६ है तथा इनकी मंत्र संख्या २९२ है। कुछ उल्लेखनीय खिल सूक्तों के नाम है- श्री सूक्त, मेधा सूक्त, सौपर्ण, शिव संकल्प और हृदय। अध्याय पांच के खिल सूक्त जिन्हें निविड़ कहा जाता है ऋग्वेद के बहुत पुराने भाग है। विभिन्न पुस्तकों में खिल सूक्तों के उच्चारण के संबंध में जो चिन्ह मिलते है उनमें काफी अन्तर है। इनके शिल्प और भाषा को देखते हुए लगता है कि इनकी रचना परवर्तीकाल में हुई। उदाहरण के लिए खिल का दूसरा सूक्त मण्डल एक के अंतिम सूक्त में जोड़ा गया है। इस सूक्त में सर्प और बिच्छुओं के विष की लंबी बात कही गई है। खिल सूक्त में गरूड़ का भी स्मरण किया गया है और आस्तीक के भी नाम का उल्लेख है। ऋषि जरतकारु और नर्मदा का भी विष से रक्षा में नाम उल्लेख किया गया है। ये सभी संदर्भ महाभारत काल के है।

ग्यारवां सूक्त श्री सूक्त है। इसमें धन की देवी की प्रार्थना की गई है जिससे वे दारिद्र्य दूर कर धनधान्य प्रदान करें। इस सूक्त के ऋषि आनंदकर्दम है। इसमें अग्नि और श्री का आह्वान किया गया है। सूक्त के पहले और दूसरे मंत्र में ऋषि प्रार्थना करता है-

हरित और हिरण्य-व र्ा
हार स्वर्ण, रजत सुशोभित
चन्द्र और हिरण्य आभा
देवि लक्ष्मी का
अग्नि अब तुम करो आवाहन
करो आवाहन
हमारे गृह अनल
उस देवि श्री का
वास हो जिसका सदा
और जो दे धन प्रचुर
गो, अश्व, सेवक, सुत सभी

लक्ष्मी केवल धन की ही देवी नहीं है वे वास्तव में सभी गुणों श्रेष्ठताओं और सुन्दरता की भी प्रतीक हैं । इस सूक्त के संबंध में अनेक शोध कार्य किये गये हैं। इनके अनुसार यह बताने की चेष्टा की गई है कि इस सूक्त में स्वर्ण बनाने की रासायनिक प्रक्रिया भी प्राप्त होती है । इस सूक्त को लेकर मुझे मेरे एक परिचित वैदिक विद्वान आचार्य दुर्गाचरण शुक्ल ने एक महत्वपूर्ण घटना सुनाई । उन्होंने कहा कि ओरछा राज्य के तत्कालीन शासक श्री देवेन्द्र बहादुर सिंह जो वेदों के अच्छे अध्येता थे, उनके पास आये और कहने लगे कि इस सूक्त का केवल नवम् मंत्र ही शुद्ध वैदिक है तथा अन्य सभी मंत्र बाद में लिखे गये हैं । अतः उनका विचार था कि इस सूक्त को उस आशय से परिशोधित किया जाना चाहिए। श्री शुक्ल ने उन्हें इस कार्य के लिए उस समय नगर में उपस्थित श्री करपात्री जी से परामर्श करने का निवेदन किया । कुछ समय बाद राजा वापस लौटे और उनकी आंखों में आंसू थे । श्री करपात्री जी ने उन्हें उनके इस कार्य के लिए बहुत प्रताड़ित किया था । अन्ततः श्री देवेन्द्र सिंह ने यह बात स्वीकार की कि ईसा से लगभग ५००० वर्ष पूर्व रचे गए इन वेदो के मंत्रों के स्वरूप और उनके क्रम को बदल पाने की सामर्थ्य किसी की नहीं है ।

७

ऋग्वेद के ब्राह्मण, आरण्यक और उपनिषद्

वेदों का ज्ञान व्यवहार और दर्शन दोनों के धरातल पर समान रूप से प्रयोज्य है । इसे पूर्णता देने के लिए वैदिक ऋषियों ने जिन पूरक ग्रन्थों की रचना की उनके नाम ब्राह्मण आरण्यक और उपनिषद् हैं । ब्राह्मण ग्रन्थों में व्यवहार की उन विधियों का बखान हुआ है जिनके अनुसार यज्ञादि कर्मकाण्ड करता हुआ मनुष्य इहलोक और स्वर्ग में सुख प्राप्त कर सकता है । इनमें प्रक्रियात्मक इतनी वैविध्यता है कि एक निश्चित फल प्राप्ति की सम्पूर्ण आश्वस्ति और सुनिश्चितता के इसका विधान किया जाना संभव नही कहा जा सकता ।

आरण्यक और उपनिषद् ब्राह्मण ग्रन्थों से इस अर्थ में भिन्न हैं कि इनमें बाह्य साधन और सामग्री की प्रधानता नही है । आरण्यक, जैसा कि नाम से ही ध्वनित है, अरण्य में प्राप्त ज्ञान है । अरण्य में बाह्य सामग्री और साधनों की उतनी प्रचुरता नही रहती जो नगरों, राजप्रासादों या ग्रहस्थों के भवनों में होती हे । अतः इनमें वर्णित साधन और विधान प्रायः साधुओं और संन्यासियों के लिए ही हैं । उपनिषद् का उद्‌गम उपासना से हुआ है जिसका आशय निकट बैठने से है । इसका साधारण अर्थ पूजा, प्रार्थना या आराधना है । किन्तु इसका अनुसरण करते हुए ज्ञान, भक्ति, विवेक और बौद्धिक विश्लेषण की आवश्यकता होती है ।

ब्राह्मण ग्रंथ विश्व और ब्रहमाण्ड के तारतम्य में मनुष्य के व्यवहार की व्याख्या करते हैं जबकि आरण्यक और उपनिषद् ईश्वर को समझने की चेष्टा करते हैं । कहा गया है कि यदि वेदो का संहिता भाग एक वृक्ष है तो ब्राह्म्ण उसके पुष्प, आरण्यक उसका फल और उपनिषद् परिपक्वक्ता है । उपनिषदों को वैदांत भी कहा गया है क्योकि वे वैदिक साहित्य के उत्तर भाग हैं । इस प्रकार वैदो के समग्र अध्ययन की पूर्णता इन चारों भागों के अनुशीलन पर निर्भर करती है ।

उपनिषदों में गुरु द्वारा उसके निकटवर्ती शिष्य को प्रदान शिक्षा का वर्णन है । गुरु और शिष्य की वार्तालाप की यह परंपरा सनातन है तथा इसके द्वारा निरन्तर प्रत्यावेषण का कार्य हुआ है ।

ऋग्वेद के ब्राह्मणों के नाम येतरेय और कोषातकी हैं । इसके आरण्यकों के भी यही नाम है । और उपनिषदों के नाम येतरेयोनिषद् और कोषीतकी उपनिषद् हैं ।

येतरेयोपनिषद्

येतरेय आरण्यक के अध्याय ४,५,६ येतरेयोपनिषद् कहलाते है । इस ग्रंथ में मुख्य रूप से संसार की श्रेष्ठता का ज्ञान प्रदान किया गया है । पुस्तक के तीन अध्याय है । पहले अध्याय के तीन भाग हैं और बाद के दो अध्याय एक-एक भागों में है । पहले अध्याय में बताया गया है कि सृष्टि के आरंभ में केवल एक ही ईश्वर था जिसे सत् कहा जा सकता है । उसने सृष्टि की इच्छा करते हुये अम्भ, मरीची और मार नाम के तीन लोको की रचना की । इसके पश्चात उसने इनके लोकपालों को भी बनाने का विचार किया । इनकी इन्द्रियों के स्वामी देवता भी बनाये गये । जब ये देवता अपने कर्तव्यों का निर्वाह करते हुये जल में प्रविष्ट हुये तो उन्हें भूख का अनुभव हुआ । उन्होनें प्रार्थना की कि उन्हें खाने के लिये कुछ पदार्थ प्रदान किया जाय । ईश्वर ने उन्हें एक गाय दी किन्तु उनका कहना था कि वह अपर्याप्त है । इसके बाद उन्हें एक अश्व दिया गया जिसे भी उन्होने अस्वीकार कर दिया । ईश्वर ने तब मनुष्य बनाया जिसे उन्होनें एक मत से स्वीकार किया और उसकी वाणी, आखों, कान और प्राण में वे अवस्थित हो गये । अन्न को भी उत्पन्न किया गया किन्तु वह अदृश्य होने लगा । देवताओं ने उसे अपनी वाणी, आंख, कान, और प्राणों से रोक रखना चाहा किन्तु वे इसमें सफल नहीं हुये । तब उन्होनें उसे अपान के माध्यम से रोका । इस प्रकार जब पूरा संसार अस्तित्व में आ गया तो परमात्मा ने भी उसे धारित करना स्वीकार किया । उसने मनुष्य में सिर के मध्य भाग से प्रवेश किया । इस प्रकार ईश्वर मनुष्य का ही एक भाग है किन्तु जब उसे परोक्ष रूप से इदम् के रूप में प्राप्त किया जाता है तो उसे सामान्यतया इन्द्र कह दिया जाता है ।

दूसरे अध्याय में मनुष्य के तीन प्रकार के जन्म बताये गये है :- गर्भ धारण, गर्भ से उत्पत्ति और तीसरा पिता की मृत्यु के पश्चात का पुर्नजन्म । इसमें बताया गया है कि हदय मन, ज्ञान, विज्ञान, बुद्धि, दृष्टि, धैर्य, स्मृति, संकल्प, कर्म और इच्छा आदि सभी प्रज्ञान हैं । ज्ञान के क्षेत्र में ही प्रजापति, इन्द्र और पाँच तत्व तथा अन्य देवता समाविष्ट हैं । इस प्रकार ज्ञान ही मनुष्य का आदि, मध्य और अन्त है ।

८

यजुर्वेद

यजु शब्द यजन अर्थात् पूजा, आराधना का द्योतक है । यजुर्वेद इस प्रकार ऐसे मंत्रों का संग्रह है जो याज्ञिक पूजा का अभिप्राय रखते हैं । यह भी उल्लेखनीय है कि ऋग्वेद अथवा सामवेद की काव्यात्मकता के स्थान पर यजुर्वेद प्रधानतया गद्य में है । इसे अध्वर्यु का भी शास्त्र कहा गया है । अध्वर्यु सम्पूर्ण याज्ञिक कर्मकांड का पर्यवेक्षण करता है । वाजसनेयी संहिता में मंत्रों को यज्ञों के क्रम में ही संकलित कर ऐसा संकेत दिया गया है कि यह ग्रन्थ मूल रूप से यज्ञ कार्य के लिए ही रचा गया था ।

मनुस्मृति के अनुसार यजुर्वेद वायु से उत्पन्न हुआ ठीक वैसे ही जैसे अग्नि से ऋग्वेद, सूर्य से सामवेद और ब्रह्मा से अथर्ववेद की उत्पत्ति हुई । सूर्य ज्ञान का प्रतीक है जबकि वायु गति को ध्वनित करता है । गति क्रिया की द्योतक है जो कि यजुर्वेद के संदर्भ में निश्चित रूप से यज्ञ है । इस प्रकार यह वेद जीवन में गति और क्रिया का बोध कराता है । यह क्रिया भी मात्र भौतिक न होकर मनुष्य के बौद्धिक, मानसिक और कल्पना अदि सभी धरातलों से सबंध रखती है ।

शाखायें

भाष्यकार महर्षि पतंजलि यजुर्वेद की सौ शाखाओं का उल्लेख करते हैं।[१] वर्तमान में केवल छः शाखायें ही ज्ञात है । यजुर्वेद के मूल रूप से दो भाग हैं -शुक्ल यजुर्वेद और कृष्ण यजुर्वेद । शुक्ल यजुर्वेद की शाखायें मध्यन्दिन और कण्व कुल दो और कृष्ण यजुर्वेद की तैत्तरीय, मैत्रायणी, काठक तथा कपिष्ठलकठ आदि चार शाखायें हैं ।

शुक्ल और कृष्ण यजुर्वेद

शतपथ ब्राह्मण के अनुसार आदित्य और ब्रह्म दो संप्रदाय हैं जो क्रमशः शुक्ल और कृष्ण यजुर्वेद के प्रणेता हैं । शुक्ल का अर्थ ही परिशुद्धता है । इसमें शुद्धतः मंत्रों का ही संकलन किया गया है जबकि कृष्ण यजुर्वेद में व्याख्याओं और कर्मकांड प्रक्रिया का भी समावेश हुआ है । कृष्ण यजुर्वेद की रचना के संबंध में एक कथा कही जाती है । वेदव्यास ने इसका ज्ञान सबसे पहले अपने शिष्य वैशम्पायन को दिया जिन्होने अपने शिष्य याज्ञवल्क्य को इसे प्रदान किया । एक बार वैशम्पायन अपने शिष्य से इतने नाराज हो गए कि उन्होने अपने दिए हुए ज्ञान को ही वापस लौटाने का आदेश दे दिया । याज्ञवल्क्य ने इस पर प्राप्त ज्ञान का वमन कर डाला । जब उनके अन्य गुरु भाइयों ने इसे देखा तो उन्होंने तीतर बनकर इस ज्ञान को चुग

लिया। भागवत पुराण (१२.६) में आगे कहा गया है कि इस प्रकार वेद-रिक्त हो जाने के बाद याज्ञवल्क्य ने सूर्य भगवान की प्रार्थना की। सूर्य ने प्रसन्न होकर याज्ञवल्क्य के सामने अश्व का आकार लेकर उन्हें शुद्ध मंत्रों का उपदेश किया जो शुक्ल यजुर्वेद के नाम से जाने गए।

इन दो ग्रन्थों के संबंध में एक उल्लेखनीय तथ्य यह है कि शुक्ल यजुर्वेद उत्तर भारत तथा कृष्ण यजुर्वेद दक्षिण भारत में अधिक प्रचलित है। कृष्ण यजुर्वेद बाद के वैदिक साहित्य से तुलनात्मक दृष्टि से अधिक प्रभावित हुआ है।

कृष्ण यजुर्वेद की विषय वस्तु

कृष्ण यजुर्वेद की तैत्तरीय, मैत्रायणी, कठक और कपिस्थल चार उपलब्ध शाखाओं में से वर्तमान में तैत्तरीय शाखा ही सर्वाधिक महत्वपूर्ण है। इसके सात भाग हैं जो आगे जाकर ४४ अध्यायों में विभक्त हो जाते हैं। इन्हें भी आगे ६३१ शीर्षों में बांटा गया है। इस संहिता का मुख्य विषय कर्मकांड और नाना विधि विधान हैं।

पहले भाग में दर्शपूर्ण मास यज्ञ का वर्णन किया गया है। इसमें अग्निस्तोम वाजपेय और राजसूय यज्ञ की विधियों का भी वर्णन है। दूसरे भाग में पशु याग का वर्णन है। इसमें संतान, विजय और यश आदि की कामना से किए जाने वाले यज्ञों का विधान हुआ है। इसमें यह बहुत विस्तार से वर्णित किया जाता है कि विजय, वैभव, शत्रुजय, और स्वर्ग आदि की प्राप्ति के लिए कौन से मंत्र उपयुक्त हैं। तीसरे भाग में सोमयाग से संबंधित पूरक विधान बताए गए हैं। चतुर्थ में वेदिका निर्माण और अग्नि चयन की भी विधि वर्णित है। पंचम में अश्वमेध की लम्बी प्रक्रिया बताई गई है। छठें भाग में अनेक प्रकार की जानकारी जैसे, दीक्षा, यज्ञ पात्रों का चयन और यज्ञोपरान्त दान आदि कार्यों का विवरण है। सातवें में ज्योतिष्टोम यज्ञ का वर्णन है।

शुक्ल यजुर्वेद की विषयवस्तु

शुक्ल यजुर्वेद का दूसरा नाम वाजसनेय संहिता है क्योंकि वाजसनेयी याज्ञवल्क्य इसके प्रथम उपदेशक है। इसकी कण्व और मध्यन्दिन नामक दो शाखायें हैं। सामान्यतया यजुर्वेद से संबंधित समस्त संदर्भ इसी को ही संबोधित होते हैं। इसमें चालीस अध्याय हैं। पहले तीन अध्यायों का संबंध दर्श, पूर्णमास, अग्निहोत्र और चतुर्मास से है। चौथे से दशम अध्याय तक सोमयाग, वाजपेय और राजसूय यज्ञों के मंत्रों का संकलन है। ११ से १८ अध्यायों में यज्ञ की वेदी के निर्माण की विधि वर्णित है। इस विधि को अग्नि चयन नाम दिया गया है। वेदिका ऐसी ईंटों से बनाई जानी चाहिए जिन्हें एक विशेष विधि से तैयार किया गया हो। इसका आकार ऐसे पक्षी से मिलता हुआ होता है जो अपने पंख फैलाए हुए है। इन ईंटों की संख्या और आकार को अनेक आध्यात्मिक अर्थ भी दिए गए हैं।

१६ वां अध्याय भगवान शिव को समर्पित है। ऋग्वेद के रुद्र यजुर्वेद में शिव के रूप में लोक कल्याणकारी रूप ले लेते हैं। १९-२१ सौत्रामणि यज्ञ का विधान बताते हैं। यह कहा गया है कि इन्द्र के अत्यधिक सोम पान करने से वह अस्वस्थ हो गया जिससे अश्विनीकुमारों ने छुटकारा दिलाया। यह यज्ञ सिंहासन च्युत राजा के लिए विहित किया गया है। २२ से

२५ अध्याय अश्वमेध से संबंधित मंत्रों का वर्णन करते हैं। यह यज्ञ संपूर्ण संसार का एक क्षत्र राजा बनने के लिए किया जाता है। शतपथ ब्राह्मण और कात्यायन श्रौत सूत्र इसका विधान विस्तार से बताते हैं। अध्याय २६ से २९ विभिन्न यज्ञों की पूर्णता के लिए पूरक मंत्रों का विधान बताते हैं। इसमें आहुतियां प्रतीकार्थी हैं। इस प्रकार यह यज्ञ मात्र भौतिक क्रिया न होकर गहरी आध्यात्मिक प्रक्रिया है।

अध्याय ३१ में प्रसिद्ध पुरुष सूक्त समाविष्ट है। इसमें ऋग्वेद के १६ मंत्रों के स्थान पर २२ मंत्र हैं तथा उनमें क्रम परिवर्तन भी हुआ हे। ३२ अध्याय के आरंभ में कुछ हिरण्यगर्भ सूक्त के मंत्र दिए गए हैं। ३४ वें अध्याय के आरंभ में प्रसिद्ध शिव संकल्प सूक्त आता है। इसमें बड़ी वैज्ञानिकता पूर्वक मन की शक्तियों का विश्लेषण किया गया है। मनुष्य का मन जागरण और स्वप्नावस्था में समान गति से चलता है और वास्तव में वह ज्योतियों की भी ज्योति है। वह भूत, भविष्य और वर्तमान में समान रूप से स्थित है। ऋक्, यजु और साम इसकी शक्तियों के ही प्रतीक हैं। इतनी असीम क्षमताओं वाले मन से वैदिक ऋषि की प्रार्थना यही है कि वह 'शिव संकल्प' का साधन बने।

३६ से ३८ अध्यायों में प्रवर्ग्य यज्ञ का वर्णन है। इसमें कड़ाही को अग्नि में इतना तप्त करने का विधान है कि जब वह सूर्य जैसी लाल हो जाती है तब उसकी सूर्य के रूप में पूजा की जाती है। इसके बाद दूध उष्ण किया जाता है और उसे अश्विनीकुमारों को अर्पित किया जाता है।

यजुर्वेद का अंतिम अध्याय संपूर्णतया ईशावस्योपनिषद् ही है। यह काफी छोटा है किन्तु प्राचीनतम उपनिषदों में से है। इसके अंतिम मंत्र में कहा गया है कि सत्य का मुख स्वर्ण के आवरण से ढंका हुआ हे। वेद का यह संकेत वेदों की रहस्यात्मकता और उनकी अर्थवत्ता को सर्वथा एक नई दिशा प्रदान करता है। स्पष्टतया वैदिक मंत्र और संकेतों का वही अर्थ नहीं होता जो अभिधा से प्राप्त होता है।

विद्वान् यजुर्वेद के १ से २५ तक के अध्याय मौलिक मानते हैं। परम्परा से भी २५ से लेकर ३५ तक के १० अध्याय बाद में जोड़े गए माने जाते हैं। पश्चिम के विचारक केवल १ से लेकर १८ अध्याय ही मूल यजुर्वेद मानते हैं क्योकि उनके अनुसार इनमें वैदिक गद्य के दर्शन होते हैं। भारतीय व्याख्याताओं के मत में उक्तानुसार सभी अध्याय यजुर्वेद के मूल अंग है।

यह सत्य है कि यजुर्वेद का केन्द्रीय विषय यज्ञ विधान की अवश्यकता और महत्व है। पुरुष सूक्त के अनुसार यज्ञ कार्य मनुष्य का प्रथम और सर्वोपरि धर्म है। सृष्टि के मूल में यही धर्म प्रतिष्ठित है। आगे अथर्ववेद का कहना है कि यज्ञ संसार की नाभि है। इसके भी आगे निश्चित ही इसमें मनोविज्ञान, दर्शन, आध्यात्म और पर्यावरण विषयक प्रचुर सामग्री है। इस प्रकार यजुर्वेद भी अन्य तीनों वेदों की तरह जीवन की संपूर्णता का बोध कराता है और इसका लक्ष्य मनुष्य को उसके शिखर पर पहुंचा देना है।

यजुर्वेद के कुछ महत्वपूर्ण सूक्त

रुद्र सूक्त

यजुर्वेद का अध्याय १६ रुद्र देवता की स्तुति है। यजुर्वेद के रुद्र ऋग्वेद के उग्र देवता के स्थान पर सौम्य और कल्याणकारी भी हैं। वस्तुतः यहां आते आते उनका व्यक्तित्व पूर्ण विकसित हो गया है। इस सूक्त की रचना वैदिक छंद की प्रवाहात्मकता में अप्रतिम है। रुद्र चूंकि देव सेना के प्रधान सेनापति हैं अतः उनमें अच्छाइयों के साथ साथ कुछ दुर्गुर्णो की सीमा को छूती विचित्रतायें भी हैं। वे उनकी शरण लेने वाले के बहुत बड़े संरक्षक हैं। उनका तस्करों, चोरों, लुटेरों, शोषणकर्ताओं और क्रूर शासकों पर भी नियंत्रण है।[१] वे सभी जाग्रत अथवा सुप्त, निष्क्रिय अथवा गतिशील प्राणियों में विद्यमान हैं। वे सभा, सभासद और सभापति, सेना और सेनापति, रथ और रथी, कुंभकार, शिल्पकार, लोहार और ज्ञानी- एक साथ सब कुछ हैं। इस प्रकार रुद्र का स्वरूप पुरुष सूक्त के नारायण से प्रायः मिलता जुलता है। अन्तर इतना अवश्य है कि रुद्र की आराधना एक वैयक्तिक देवता के रूप में अधिक की गई है।

पुरुष सूक्त

ऋग्वेद के दशम मंडल का ९०वां सूक्त सृष्टि रचना और विकास का वृत्त है। इसमें १६ मंत्र हैं। यजुर्वेद के ३१वें अध्याय में ये १६ मंत्र कुछ भिन्न क्रम में अवतीर्ण हुए हैं। इसके अतिरिक्त इसमें ६ और मंत्र जोड़े गए हैं। इस सूक्त का आरंभ उस विराट ब्रह्म के स्वरूप वर्णन से होता है जो अनन्त शिर, अनन्त आंख और अनन्त पाद होकर संपूर्ण संसार को आवृत किए हुए है। वस्तुतः वही मूर्तिमंत संसार है। इसमें जो भी था, है अथवा होगा वह भी वही है। वही संसार के प्राणियों को अमृतत्व प्रदान करने वाला भी है।

इस ईश्वर का वास्तविक स्वरूप जान पाना कठिन है क्योंकि उसके एक चौथाई अंश से ही समस्त दृश्यमान संसार अस्तित्व ले लेता है तथा उसका तीन चौथाई अस्तित्व अमृत द्युलोक का निर्माण करते हैं। इस संसार की रचना क्रमिक रूप से हुई। परमात्मा से विराज की उत्पत्ति हुई जिससे पृथिवी और इसके देव दानवों को जन्म दिया। देवताओं ने यज्ञ सम्पन्न किया। वह प्रथम पुरुष स्वयं ही यज्ञ की हवि बन गया। इस यज्ञ में वसन्त घृत बना, ग्रीष्म ईंधन और शरद ने हवि का रूप लिया। इस यज्ञ से ऋक्, यजुस्, साम अदि वेदों के मंत्र बने। इस यज्ञ से ही अश्व उत्पन्न हुआ जिसके दांत केवल एक नीचे जबड़े में थे और ऐसे पशु जन्मे जिनके दोनों जबड़ों में दांत थे जैसे गाय, बकरियां, भेड़ें आदि। मानव समाज की रचना और विकास पर विचार करते हुए सूक्त कहता है कि 'यह कहना कठिन है कि मनुष्य की परिकल्पना में कितना सोच अन्तर्निहित था ! उस परमब्रह्म के किस अंग से मनुष्य समाज का कौन सा हिस्सा पहचाना जा सकता है ! उसका शिर, उसके हाथ, उसका उरु प्रदेश और उसके चरण किसका प्रतिनिधित्व करेंगे !' तब यह निर्धारित हुआ कि ब्राह्मण उसका शिर,

---

१ नमो वंचिते परिवंचते स्तायूनां पतये नमो नमो निषंगिणे इषुधिमते तस्करा णां पतये नमो नमो। १६-२१

क्षत्रिय उसके बाहु, वैश्य उरु और शूद्र पावों की तरह कहे जा सकते हैं। उसके नेत्रों से सूर्य, मन से चन्द्रमा, मुख से इन्द्र और प्राण से पवन की उत्पत्ति हुई। इसी प्रकार आकाश उसकी नाभि से, उसके शिर से देवता, पावों से पृथिवी और उसके कानों से दिशाओं ने जन्म लिया। परमात्मा के इस विराट रूप का साक्षात्कार करते हुए वैदिक ऋषि आनन्द से अभिभूत हो उठता है और उसकी घोषणा है कि 'जो इस प्रकार इसे समझता है वह अमृतत्व को प्राप्त हो जाता है।'

यजुर्वेद द्वारा इस सूक्त में अतिरिक्त रूप से पिरोए मंत्रों में अनेक निष्कर्ष दिए गए हैं। उसका कहना है कि यद्यपि परमब्रह्म किसी नाम और रूप में नही बांधा जा सकता किन्तु नाना रूप और आकार लेता है जिसका रहस्य मरीचि आदि ऋषि ही समझ सकते हैं। सूर्य एक ऐसा ही नाम और रूप है जिसे ठीक से जानकर मनुष्य देवताओं को भी अपने नियंत्रण में कर लेता है। लक्ष्मी उस पुरुषोत्तम की पत्नी है। दिन और रात उसके बाहु हैं। ग्रह, नक्षत्र, आकाश, पृथिवी आदि का उसमें वास है। यह सर्वशक्तिमान ईश्वर हमारा यहां, अभी उद्धार करे।[२]

---

२ सहस्रशीर्षा पुरुषः सहस्राक्षः सहस्रपात्
स भूमिं सर्वत स्पृत्वात्वात्यतिष्ठद्दशाङ्गुलम्।१।
पुरुष एवेदं सर्वं यद्भूतं यच्च भव्यम्
उतामृतत्वस्येशानो यदन्नेनाति रोहति।२।
एतावानस्य महिमातो ज्यायांश्च पूरुषः
पादोऽस्य विश्वा भूतानि त्रिपादस्यामृतं दिवि।३।
त्रिपादूर्ध्व उदैत्पुरुषः पादोऽस्येहाभवत् पुनः
ततो विष्वङ् व्यक्रामत् साशनानशने अभि।४।
तस्माद्विराळजायत विराजो अधि पूरुषः
स जातो अत्यरिच्यत पश्चाद्भूमिमथोपुरः।५।
तस्माद्यज्ञात् सर्वहुतः सम्भृतं पृष्दाज्यम्
पशून् तांश्चक्रे वायव्यानारण्यान् ग्राम्याश्च ये।६।
तस्माद्यज्ञात् सर्वहुत ऋचः सामानि जज्ञिरे
छन्दांसि जज्ञिरे तस्माद्यजुस्तस्मादजायत।७।
तस्मादश्वा अजायन्त ये के चोभयादतः
गावो ह जज्ञिरे तस्मात् तस्माज्जाता अजावयः।८।
तं यज्ञं बर्हिषि प्रौक्षन्पुरुषं जातमग्रतः
तेन देवा अयजन्त साध्या ऋषयश्च ये।९।
यत्पुरुषं व्यदधुः कतिधा व्यकल्पयन्
मुखं किमस्यसीत् किं बाहू किमूरू पादा उच्येते।१०।
ब्राह्मणोऽस्य मुखमासीद्बाहू राजन्यः कृतः
ऊरू तदस्य यद्वैश्यः पद्भ्यां शूद्रो अजायत।११।

शिव संकल्प सूक्त

यजुर्वेद के ३४ वें अध्याय के पहले सात मंत्र शिव संकल्प सूक्त के नाम से जाने जाते हैं। इनमें बड़े वैज्ञानिक तौर पर मन की शक्तियों का बखान किया गया है। इसमें वैयक्तिक मन के विश्लेषण के साथ साथ समिष्टि मानस का भी दर्शन कराया जाता है। इस सूक्त में मुख्यतया मन की सकारात्मक शक्ति बढ़ाने की चेष्टा है जिससे मन को व्यापक कल्याण कार्य में लगााया जा सके।

हमारा मन जो जागरण और सुप्त दोनों अवस्थाओं में इतनी दूर जाता है और जो ज्योतियों की भी ज्योति है, हमारे लिए सदा शिव संकल्पकारी हो।

हमारा मन जो ज्ञानियों को महान् यज्ञादिक कार्यों में प्रयोजित करता है, जो सभी मनुष्यों की आत्मा और शरीर के मध्य में स्थित है, हममें लोक कल्याण का संकल्प भरें।

चन्द्रमा मनसो जातश्चक्षोः सूर्यो अजायत
मुखादिन्द्रश्चाग्निश्च प्राणाद्वायुरजायत ।१२।
नाभ्या आसीदन्तरिक्षं शीर्ष्णो द्यौः समवर्तत
पद्भ्यां भूमिदिशः श्रोत्रात् तथा लोकां अकल्पयन् ।१३।
यत्पुरुषेण हविषा देवा यज्ञमतन्वत
वसन्तो अस्यासीदाज्यं ग्रीष्म इध्मः शरद्धविः।१४।
सप्तास्यासन् परिधयस्त्रिः सप्त समिधः कृताः
देवा यद्यज्ञं तन्वाना अबध्नन् पुरुषं पशुम् ।१५।
यज्ञेन यज्ञमयजन्त देवा-
स्तानि धर्माणि प्रथमान्यासन्
ते ह नाकं महिमानः सचन्त
यत्र पूर्वे साध्याः सन्ति देवाः ।१६।
अद्भ्यः सम्भृतः पृथिव्यै रसाच्च विश्वकर्मणः समवर्तताग्रे
तस्य त्वष्टा विदधद्रूपमेति तन्मर्त्यस्य देवत्वमाजानमग्रे ।१७।
वेदाहमेतं पुरुषं महान्तमादित्यवर्ण तमसः परस्तात्
तमेव विदित्वाति मृत्यमेति नान्यः पन्था विद्यतेऽनाय ।१८।
प्रजापतिश्चरति गर्भे अन्तरजायमानो बहुधा वि जायते
तस्य योनिं परि पश्यन्ति धीरास्तस्मिन् ह तस्थुर्भुवनानि विश्वा ।१९।
यो देवेभ्य आतपति यो देवानां पुरोहितः
पूर्वो यो देवेभ्यो जातो नमो रुचाय ब्राह्मये ।२०।
रुचं ब्राह्मं जनयन्तो देवा अग्रे तदब्रुवन्
यस्त्वैवं ब्राह्मणो विद्यात्तस्य देवा असन् वशे ।२१।
श्रीश्च ते लक्ष्मीश्च पत्न्यावहोरात्रे पार्श्वे नक्षत्राणि रूपमश्विनौ व्यात्तम्
ठष्णान्निषाणामुं म इषाण सर्वलोकं म इषाण ।२२।

हमारा मन जो बुद्धिमान, चेतन और धृतिशील होकर सभी प्राणियों के कार्य का मुख्य प्रेरक है, हमें शिव संकल्पवान बनाए ।

हमारा मन जो भूत, भविष्य और वर्तमान के सभी पदार्थों में स्थित है तथा जो सात ज्ञानेन्द्रियों के माध्यम से यज्ञ कार्य संपादित करता है, हमें शिव संकल्कारी बनाए ।

हमारा मन जो ऋक्, साम और यजुस् के मंत्रों को रथ के पहिए के अरों की तरह एक जुट रखता है, हमें शिव संकल्पकारी हो ।

जिस प्रकार एक अच्छा रथी वेगवान घोड़ों को दूर ले जाता है, मन मनुष्यों को इधर और उधर ले जाता है, ऐसा कालजयी, शक्तिशाली मन जो सभी के हृदय में रहता है, हमें शिव संकल्पकारी हो ।[३]

ईशोपनिषद्

यजुर्वेद का अध्याय ४० एक सम्पूर्ण दर्शन है एवं इसीलिए संभवतः इसे एक सम्पूर्ण उपनिषद् की संज्ञा प्रदान की गई है । इसमें ज्ञान और क्रिया का अद्भुद् समन्वय किया गया है । इस अर्थ में यह भारतीय दर्शन के केन्द्र भाग में स्थित है । इससे यह भी स्थापित होता है कि भारतीय चिन्तकों का दर्शन कभी एकांगी नहीं था । इस सूक्त से महात्मा गांधी बड़ी प्रेरणा लेते थे और विश्व कवि रवीन्द्रनाथ टैगोर को भी यह बहुत प्रिय था ।

इसमें केवल १७ मंत्र हैं । पहले मंत्र में सूक्त रूप में सत्य की स्थापना की गई है और बाद के १६ मंत्रों में उसकी दार्शनिक निष्पत्ति की गई है ।

पहले मंत्र के अनुसार इस संसार में जो भी छोटा-बड़ा, जड़ और चेतन के रूप में स्थित है, वह सभी कुछ ईश्वर से आवृत है । हमारे आस पास रहने वाले नाना नाम और रूप तत्वतः वही हैं । इसी सत्य का आत्मसात् कराते हुए इसमें यह उपदेश दिया गया है- तुम त्याग के द्वारा उपभोग करो । इसका अर्थ यही है कि एकपक्षीय त्याग और भोग दोनों ही

---

३. यज्जाग्रतो दूरमुदैति दैवं तदु सुप्तस्य तथैवैति
दूरङ्गमं ज्योतिषां ज्योतिरेकं तन्मे मनः शिवसंकल्पमस्तु ।१।
यंन कर्माण्यपसो मनीषिणो यज्ञे कृण्वन्ति विदथेषु धीराः
यदपूर्वं यक्षमन्तः प्रजानां तन्मे मनः शिवसंकल्पमस्तु ।२।
यत्प्रज्ञानमुत चेतो धृतिश्च यज्ज्योतिरन्तरमृतं प्रजासु
यस्मान्न ऋते किं चन कर्म क्रियते तन्मे मनः शिव संकल्पमस्तु ।३।
येनेदं भूतं भुवनं भविष्यत् परिगृहीतममृतेन सर्वम्
येन यज्ञस्तायते सप्तहोता तन्मे मनः शिवसंकल्पमस्तु ।४।
यस्मिन्नृचः साम यजूंषि यस्मिन् प्रतिष्ठिता रथनाभाविवाराः
यस्मिश्चित्तं सर्वमोतं प्रजानां तन्मे मनः शिवसंकल्पमस्तु।५।
सुषारथिरश्वानिव यन्मनुष्यान्नेनीयतेऽभीशुभिर्वाजिने इव
हृतप्रतिष्ठं यदजिरं जविष्ठं तन्मे मनः शिवसंकल्पमस्तु।६।

अनुचित है । मनुष्य को एक आकाश में उड़ने वाले ग्रध्र की तरह अपनी लोभ दृष्टि मृत शरीर पर केन्द्रित रखना उचित नहीं है । यह लोभ और लालच है । दूसरों के धन की कामना भी अनुचित है । क्या वास्तव में कोई धन धारण करता है ! वास्तव में जो न तो कभी धारित किया जा सकता न ही जिसका स्वामी बना जा सकता उसे त्याग दिया जाना ही श्रेयस्कर है । इस प्रकार यह संभव है कि जब ऐसे पदार्थों का उपभोंग हो, उनके अवास्तविक और बंधनकारी प्रभाव से ऊपर रहा जाना चाहिए ।

यह प्रश्न उठ सकता है कि यदि हम इस संसार के पदार्थों के न तो स्वामी हैं और न ही उनका उपभोग कर सकते हैं तो संसार में रहने और उनके भोग करने का क्या अर्थ है ? वैदिक द्रष्टा का तो यही कहना है कि इस स्थिति में भी हमें कामना सौ वर्ष जीने की ही करना है । वास्तव में हमारा कर्म हमारे बन्धनों का कारण न होकर कर्म के प्रति हमारी आसक्ति ही हमें बांधती है । यदि हमने अपने चिरन्तन और चेतन जीव को नाशवान देह के परिचय में ही सीमित कर छोड़ दिया तो हम किसी आत्म हत्यारे से कम नहीं हैं ।

परमात्मा एक है । वह सुस्थित होते हुए भी मन से तीव्रतर गतिवाला है । वह सभी को गति देते हुए स्वयं स्थिर है । वह बहुत दूर होते हुए भी अत्यंत निकट है । वह सभी पदार्थों के भीतर और बाहर एक साथ मौजूद है । इस प्रकार का ज्ञान प्राप्त कर लेने वाला मनुष्य कभी विभ्रमित नहीं होता ।

पूर्णब्रह्म के कोई शरीर अथवा इन्द्रियां नहीं होतीं । वह पूर्णतया परिशुद्ध है । वह सर्वज्ञाता और सर्वद्रष्टा है । एक मनुष्य जो इस ईश्वर के ज्ञान से विरहित अविद्या में ही स्थित है वह अंधकार में भटक रहा है किन्तु विद्यावान् (संसार को असत्य मानने वाला) कहीं और भी गहरे अंधेरे में पहुंच जाता है ।

मंत्र ११ में संभूति और असंभूति शब्दों का प्रयोग किया गया है । आदि शंकर की व्याख्या के अनुसार वे कार्य और कारण के अर्थ में प्रयुक्त हैं । श्री अरविन्दो ने उन्हें जन्म और अजन्म के रूप में माना है । मंत्र १४ में निष्कर्ष रूप में कहा गया है कि आत्मा का ज्ञान ही वास्तविक ज्ञान है और इसके द्वारा ही मृत्यु पर विजय प्राप्त की जाकर अमरत्व हासिल किया जा सकता है । इस प्रकार मंत्र ९ से लेकर १४ तक यही समझाया गया है कि संसार में रहने का सही तरीका ज्ञान प्राप्त कर कर्तव्य का जीवन जीना हे । बाद के तीन मंत्र वस्तुतः प्रार्थनायें ही हैं । वेद का यह द्रष्टा ऋषि कोई साधारण भक्त न होकर पूर्ण ज्ञानी है और उसकी ये प्रार्थनायें समिष्टि वाचक हैं ।

१५वें मंत्र में एक संपूर्ण जीवन जीने की प्रार्थना है । ऋषि चाहता है कि उसकी प्राण आत्मा समिष्टि चेतना में विसर्जित हो जाए । हमें उन कर्मों को याद रखना होगा जो हमने किए हैं । कुछ व्याख्याताओं के मत से यहां ईश्वर के कार्यों को याद रखने की सलाह दी गई है । १६वें मंत्र में ईश्वर को अग्नि के रूप में बुलाया गया है । अग्नि ऊपर की ओर ही जाता हे । हम भी उसी प्रकार से ऊर्ध्वगामी बनें । हमारे पाप शून्य हों । 'सत्य का मुंह स्वर्णमय पात्र से ढंका हुआ है । हे ईश्वर हमें इसके ठीक दर्शन करने दे ।' यह कह कर अगले मंत्र में जैसे इसकी

फलश्रुति भी है। ऋषि कह उठता है- मैं उस प्रकाशपुंज को देख रहा हूं। वह परमात्मा वहां, वहां है। मैं वही हूं।'[४]

---

४. ईशावास्यमिदं सर्व यत्किं च जगत्यां जगत्
तेन त्यक्तेन भुंजीथा मा गृधा कस्य स्वद्धिनम्।
कुर्वन्नेवेह कर्माणि जिजीविषेच्छतं समाः
एवं त्वयि नान्यथेतोऽस्ति न कर्म लिप्यते नरे
असुर्या नाम ते लोका अन्धेन तमसावृताः
तांस्ते प्रेत्यापि गच्छन्ति ये के चात्महनो जनाः
अनेजदेकं मनसो जवीयो आप्नुवन् पूर्वमर्शत्
तद्भवतोऽन्यानत्येति तिष्ठत्तस्मिन्नपो मातरिश्वा दधाति
तदेजति तन्नैजति तद्दूरे तद्वन्तिके
तदन्तरस्य सर्वस्य तदु सर्वस्यास्य बाह्यतः
यस्तु सर्वाणि भूतान्यात्मन्नेवानुपश्यति
सर्व भूतेषु चात्मानं ततो न वि चिकित्सति
यस्मिन्सर्वाणि भूतान्यात्मैवाभूद्विजानतः
तत्र को मोहः कः शोक एकत्वमनुपश्यतः
स पर्यगाच्छुक्रमकायमव्रणमस्नाविरं शुद्धंपापविद्धम्
कर्विमनीषी परिभूः स्वम्भूर्याथातथ्यतोऽर्थान् व्यदधाच्छाश्वतीभ्यः समाभ्यः।८।
अन्धः तमः प्रविशन्ति येऽसंभूतिमुपासते
ततो भूय इ वते तमो य उ समूत्यां रताः।९।
अन्येदवाहुः सम्भवादन्यदाहुरसम्भवात्
इति शुश्रुम धीराणां यं नस्तद्विचचक्षिरे।१०।
सम्भूतिं च विनाशं च यस्तदवेदोभयं सह
विनाशेन मृत्युं तीर्त्वा सम्भूत्यामृतमश्नुते।११।
अन्धः तमः प्रविशन्ति ये ऽविद्यामुपासते
ततो भूय इ वते तमो य उ विद्यायां रताः।१२।
अन्यदेवाहुर्विद्याया अन्यदाहुरविद्यायाः
इति शुश्रुम धीराणां ये नस्तद्विचचक्षिरे।१३।
विद्या चाविद्यां च यस्तद्वेदोभयं सह
अविद्यया मृत्युं तीर्त्वा विद्ययाऽमृतमश्नुते।१४।
वायुरनिलममृतमथेदं भस्मान्तं शरीरं
ओऽम् क्रतो स्मर क्लिबे स्मर कृतं स्मर।१५।
अग्ने नय सुपथा राये अस्मान्विश्वानि देव वयुनानि विद्वान्
युयोध्यस्मज्जुहराणमेनो भूयिष्ठां ते नम उक्तिं विधेम।१६।
हिरण्यमयेन पात्रेण सत्यस्यापिहतं मुखम्
योऽसावादित्ये पुरुषः सोऽसावहम्।
ओऽम् खं ब्रह्म।१७।

यजुर्वेद के महत्वपूर्ण सूक्त-संदेश

१. उन्नति के लिए तुम्हें उत्पन्न किया गया है, दुख देने के लिए नहीं ।

२. मधुर मधुरों से मिल जाये ।

३. सबको उत्पन्न करने वाले उस श्रेष्ठ तेज का हम ध्यान करते हैं जो हमारी बुद्धियों को प्रेरणा देता है ।

४. प्रशंसनीयों का हम मन से कीर्ति ज्ञान करते हैं ।

५. सुगंधयुक्त, पुष्टिवर्धक तीन दृष्टियों से युक्त (शिव/त्रिदेवी/औषधियों) का हम यजन करते हैं । मृत्यु के बन्धन से हम ककड़ी की तरह विमुक्त हों, अमरत्व से नहीं ।

६. प्रत्येक संयोग और वियोग (युद्ध) में हम आपका आवाहन करते हैं ।

७. यज्ञकर्ता के लिए वायु मधुर हो, नदियां मधुर हों । हमारे लिए संपूर्ण औषधियां मधुर हों ।

८. जिसने समस्त व्रतों को किया है ऐसे विष्णु को उसके कर्मों से देखो ।

९. सुखदाता को नमस्कार, कल्याणकर को नमस्कार, मंगल स्वरूप को नमस्कार ।

१०. हमारे देश में हमारी आवश्यकता पर जल बरसे ।

११. यह वेदि (वृत्त का केन्द्र) पृथिवी का छोर है । यह यज्ञ- कर्म संसार का परम आश्रय है ।

१२. हमें सभी दिशाओं से श्रेष्ठ विचार और कार्य प्राप्त हों ।

१३. हे देव सविता, सब बुराइयों को दूर करो और जो श्रेष्ठ है उसे हमारे निकट ले आओ ।

१४. जिन देवताओं ने यज्ञ पुरुष के साधन से यज्ञ का प्रारंभ किया वे धर्म के संस्थापक थे ।

१५. जिसका इतना महान यश है, उसकी कोई प्रतिमा नहीं है ।

१६. वह हम सबका भाई और निर्माता है । वह विधाता सब का आसरा और सर्वज्ञाता है ।

१७. जिसके बिना कोई भी कार्य संभव नही है, वह मेरा मन शुभ संकल्प से युक्त हो ।

१८. जो इस संसार का निर्माण करने वाला है, वह हमारा पिता है ।

१९. परमेश्वर सबका शासक है । वह दो और चार पांव वालों, सभी का कल्याण करे ।

२०. संसार का दान द्वारा उपभोग करो । लोभ मत करो । धन भला किसी एक का कहां है !

२१. कर्म करते हुए ही सौ वर्ष जीने की कामना करो ।

२२. द्रष्टा, ज्ञाता ही विजयी और स्वयंभू है ।

२३. हे ईश्वर हमें अच्छे मार्ग से अभ्युदय की ओर ले चल । तुझे सभी मार्गो का ज्ञान है ।

२४. सुवर्ण के चमकीले पात्र से सत्य का मुख ढंका हुआ है ।

१. भूताय त्वा नारातये । १.११

२. सं मधुमतीर्मधुमतीभिः पृच्यन्ताम् । १. २१

३. तत्सवितुर्वरेण्यं भर्गो देवस्य धीमहि धियो योनः प्रचोदयात् । ३.३५

४. मनोन्वाऽमहे नराशंसेन स्तोमेन । ३.५३

५. त्र्यम्बकं यजामहे सुगंधिं पुष्टिवर्धनम् उर्वारुकमिव बन्धनान्मृत्योर्मुक्षीय मामृतात् ।३.६०

६. योगे-योगे तवस्तरं वाजे-वाजे हवामहे । ११.१४

७. मधु वाता ऋतायते मधु क्षरन्ति सिन्धवः ।

८. विष्णोः कमार्णि पश्यत यतो व्रतानि पस्पशे । १३.३३

९. नमः शम्भवाय च मयोभवाय च नमः शंकराय च मयस्कराय च नमः शिवाय च शिवतराय च । ३४.४१

१०. निकामे-निकामे नः पर्जन्यो वर्षतु फलवत्यो न ओषधयः पच्ययतां योगक्षेमो नः कल्पताम् । २२.२२

११. इयं वेदिः परो अन्तः पृथिव्या अयं यज्ञो भुवनस्य नाभिः । २३.६२

१२. आ नो भद्राः क्रतवो यन्तु विश्वतो । २५.१४

१३. विश्वानि देव सवितर्दुरितानि परा सुव । यद्भद्रं तन्न आ सुव । ३०.३

१४. यज्ञेन यज्ञमयजन्त देवास्तानि धर्माणि प्रथमान्यासन् । ३१.१६

१५. न तस्य प्रतिमा अस्ति यस्य नाम महद्यशः । ३२.३

१६. स नो बन्धुर्जनिता स विधाता धामानि वेद भुवनानि विश्वा ३२.१०

१७. यस्मान्न ऋते किंचन कर्म क्रियते तन्मे मनः शिव संकल्पस्तु । ३४.३

१८. य इमा विश्वा विश्वकर्मा यो नः पिता । ३४.५८

१९. इन्द्रो विश्वस्य राजति । शं नो अस्ति द्विपदे शं चतुष्पदे । ३६.८

२०. तेन त्यक्तेन भुंजीथः मा गृधः कस्य स्विद्धनम् । ४०.१

२१. कुर्वन्नेवेह कर्माणि जिजीविषेच्छतं समाः ।४०.२

२२. कविर्मनीषी परिभूः स्वयम्भूः । ४०.८

२३. अग्ने नय सुपथा राये अस्मान्विश्वानि देव वयुनानि विद्वान् । ४०.१६

२४. हिरण्यमयेन पात्रेण सत्यस्यापिहितं मुखम् । ४०.१७

९

सामवेद

चार वेदों में सामवेद का स्थान महत्वपूर्ण है । गीता में भगवान कृष्ण कहते हैं कि वेदों में वे सामवेद हैं ।[१] मनु जी के अनुसार सामवेद की उत्पत्ति सूर्य से हुई । एक अर्थ में इस प्रकार इस वेद की भव्य धवलता सूर्य जैसी ही है ।

ऋग्वेद काव्यात्मक, यजुर्वेद गद्यात्मक और सामवेद गीतात्मक है । इसके अतिरिक्त ऋग्वेद ज्ञान, यजुर्वेद कर्म और सामवेद भक्ति का निदर्शन कराता है । प्रथम वेद ऋग्वेद स्वयं स्थान स्थान पर सामवेद का उल्लेख करता है । एक स्थान पर उसमें कहा गया है कि बृहस्पति की सामवेद के मंत्रों से आराधना की जानी चहिए ।[२] एक अन्य स्थान पर कहा गया है कि जो जागृत रहता है, वह 'साम' को प्राप्त करता है ।[३] अथर्ववेद में कहा गया है कि सामवेद के मंत्र परमब्रह्म के रोम हैं ।[४] छान्दोग्योपनिषद् में यजुर्वेद को ऐसा पुष्प बताया गया है जो अमृत तत्व से परिपूर्ण होकर गाती हुई मधु मक्खियों से घिरा हुआ है । कुछ विद्वानों की राय है कि जब यजुर्वेद के विधान से दीर्घकालिक यज्ञ संपादित हुआ करते थे तो उपस्थित जन समुदाय के रंजन के लिए सामवेद का गायन सांस्कृतिक कार्यक्रम जैसा था जिसमें यज्ञकर्ता भी विश्राम प्राप्त करते थे ।

सामवेद गायन में संगीत उच्च स्वर से आरम्भ होता है तथा पश्चात् उसे मंद स्वर पर लाया जाता है । इस क्रिया से मानसिक विश्रान्ति जल्दी प्राप्त होती है । आज के संगीत का तेज उतार और चढ़ाव मानसिक शान्ति के लिए बहुत उपयुक्त नही हैं । साम गान करने वाला संगीत के साथ ही साथ मंत्र के अर्थ को भी ध्यान में रखता है । ब्रहद्देवता[५] इसीलिए कहता है कि जो साम को समझता है वह वेद को भी समझता हे । याज्ञवल्क्य का कहना है कि

---

१ वेदानां सामवेदोऽस्मि । (गीता १०.२२)

२ बृहस्पति सामभिऋक्वो अर्चतु (ऋ.१०.३६.५)

३ यो जागार तमु सामानि यान्ति (ऋ.५.४४.१४)

४ सामानि यस्य लोमानि (अ. ९.६.२)

५ सामानि यो वेत्ति स वेद तत्त्वम् (बृ.८.१३०)

विधि पूर्वक सामगान करने वाला मनुष्य ईश्वर प्राप्त कर लेता है ।[६] यह विश्वास परंपरा से मान्य है कि सामगान के द्वारा देवताओं की प्रार्थना उन्हें शीघ्रता से प्रसन्न करती है ।

सामवेद के अधिकांश मंत्र ऋग्वेद से ही उठाए गए हैं । इसके मंत्रों की कुल संख्या १८७५ है जिनमें से १५०४ ऋग्वेद से लिए गए हैं । इस प्रकार कहा जा सकता है कि सामवेद ऋग्वेद की संगीतमय प्रस्तुति ही है ।

साम का अर्थ

यज्ञ के अनुष्ठान में उद्गाता नाम के पुरोहित का कार्य साम वेद की ऋचाओं के गायन का रहता है । 'सा' अक्षर ऋचा अथवा मंत्र का व्यंजक है । 'अम्' ध्वनि के ऊंचे स्वर का अर्थ देता है । मंत्र और स्वर के इस सम्बंध को अथर्ववेद में एक स्त्री और पुरुष जैसा जोड़ा बताया गया है।[७] छान्दोग्योपनिषद् में इसे आगे कहा गया है कि स्वर और प्राण ही ऋक् एवं सामवेद है ।[८]

साम समत्व और शान्ति का बोध कराता है । भक्ति के उन्मेष में एक भक्त भाव पूर्वक गाने लगता है । ऐसी अवस्था में साधक में तन्मयता की स्थिति आती है जो साधना काल में सर्वथा वरेण्य है ।

सामवेद की शाखायें

पतंजलि ने अपने भाष्य में कहा है कि सामवेद की एक हजार शाखायें हैं । ऐसा प्रतीत होता है कि चूंकि सामवेद सूर्य से संबंधित है और सूर्य की किरणें एक हजार कही जाती हैं इसलिए सामवेद की हजार शाखायें बताई गई हैं । चूंकि साम गायन प्रधान है, अतः इसके गायन की हजार विधियों के अस्तित्व को भी अस्वीकार नही किया जा सकता । तथापि जिन १३ शाखाओं का उल्लेख उपलब्ध है, वे निम्नानुसार है-

१.राणायणीय, २.असुरायणीय, ३.वसुरायणीय, ४.वार्तान्तोय, ५.प्रांजल, ६.शाट्यायनीय, ७.सात्यमुद्गल, ८.खल्वल, ९.महाखल्वल, १०.लांग्ल्, ११.कौथुम, १२.गौतम और १३. जैमनीय ।

वर्तमान में केवल राणायणीय, कौथुम और जैमनीय शाखायें ही उपलब्ध हैं । इनमें से पहली दो में मंत्रों के क्रम में कोई अन्तर नही है । इन शाखाओं को आगे अध्याय, काण्ड और मंत्रों में विभाजित किया गया है । जैमनीय शाखा में प्रपाठक, अर्धप्रपाठक और दशति के रूप में विभाजन है । कौथुम विन्ध्याजल के उत्तर तथा राणायणीय दक्षिण में प्रचलित रही है । कौथुम का दूसरा नाम छंदोसगाम है जो तमिलनाडु और कर्नाटक में

---

६ यथाधिनेन पठन् सामगानमविच्युतम्
सवधानस्तदभ्यासात् परं ब्रह्माधिगच्छति (या.३.४.११.२)

७ अमोऽहमस्मि सा त्वं सामाहमस्मि ऋक् त्वम्
द्यौरहं पृथिवी त्वं ताविह संभवाय प्रजामजनयावहै ।(अ.१४.२.७१)

८ वाक् च प्राणश्च ऋक् च साम च (छा।.१.१.५)

प्रचलित है। जैमनीय शाखा का प्राचीन नाम तलवकार है। इस शाखा के सभी अंश संहिता, ब्राह्मण, स्रौतसूत्र व गृह्यसूत्र आजकल उपलब्ध हैं। इन शाखाओं की प्रमुखता का मुख्य आधार उच्चारण भेद है।

सामवेद का स्वरूप

सामवेद के मंत्र दो मुख्य श्रेणियों अर्चिका और गान में विभक्त है। अर्चिका को आगे पूर्वार्चिका और उत्तरार्चिका में बांटा गया है। इनमें १८१० मंत्र संकलित हैं। इनमें कुछ की बार बार आवृति हुई है। इन की मंत्र संख्या कम कर देने से यह संख्या १५४९ बचती है। तथापि १५ ऋचाओं को छोड़कर शेष सभी ऋग्वेद के ८ और ९ वें मंडल से ली गई है। यह भी उल्लेखनीय है कि ये ऋचायें या तो गायत्री छंद में है अथवा प्रगत छंद में जो कि गायत्री और जगती का मिश्रित रूप है।

पूर्वार्चिक को छंद आर्चिक भी कहा जाता है। इसमें ६ प्रपाठक होते है जिन्हें अर्द्ध खण्ड और दशान्ति दो भागों में बांटा जाता है। दशान्ति में सामान्यतया ८ ऋचायें होती है। पूर्वार्चिक के पहले प्रपाठक में ऋग्वेद की अग्नि से संबंधित ऋचायें हैं। इसे अग्नेय काण्ड कहा गया है। दो से लेकर चार तक के प्रपाठक ऐन्द्र पर्व के रूप में जाने जाते है क्योंकि इनके मंत्र इन्द्र से संबंधित है। पंचम जो कि सोम की स्तुतियों से संबंधित है उसे पवमान पर्व कहा गया है। छठा प्रपाठक अरण्य पर्व नाम से जाना जाता है। इसमें अनेक देवता और छंद प्रयोग में लाये गये है। इस अर्चिका का अंतिम भाग महनाम्न्य के रूप में जाना जाता है तथा इसमें केवल दस ऋचाऐं है। इसे परिशिष्ट के रूप में मान्य किया गया है। यह पूर्वार्चिक की ६५० ऋचाओं का विश्लेषण है।

उत्तरार्चिक - इसके ९ प्रपाठक हैं जिसके पहले पांच प्रपाठकों के प्रपाठकार्ध नाम के दो उपविभाग है। अन्तिम चार प्रपाठकों के ऐसे तीन उप विभाग है। उत्तरार्चिक के मंत्रो की संख्या १२२५ है। इनमें पूर्वार्चिक के ६५० मंत्रों को जोड़ देने पर इनकी कुल संख्या १८७५ हो जाती है। इनमें २६७ मंत्र दोहराये गये है। तीन ऋचाओं को जोड़ने से एक गीत बनता है। इन गीतों को सूक्तों के रूप में यज्ञ के सम्पादन के समय गाया जाता है। पूर्वार्चिक के देवता और छंद के क्रम से भिन्न उत्तरार्चिक का क्रम यज्ञ परक है।

वेद व्यास के शिष्य जैमिनी का कहना है 'साम वस्तुतः गायन ही है।'[१] संगीत में लय की प्रधानता होती है। सामवेद में लय के लिहाज से ऋचाओं में आवश्यक तबदीलियां कर ली गई हैं। उदाहरण के लिए स्तोभ नाम के कुछ स्वर जोड़ लिए जाते हैं। यह परिवर्तन सामान्यतया संगीत की आवश्यकता के अनुरूप ही यत्र तत्र दृष्टिगोचर है।

स्वर साम की आत्मा है। ऋग्वेद काल से ही उदात्त, अनुदात्त और स्वरित ध्वनियों का प्रचलन रहा है। उच्च स्वर के गायन के लिए उदात्त स्वर उपयुक्त होता है। मंद स्वर के लिए अनुदात्त उपयुक्त है। वर्तमान संगीत शास्त्र के षडज स्वरों के लिए उक्त तीन मूल स्वर

---

१ गीतिषु सामाख्या

आधारभूमि का काम करते है । नारदीय संहिता[10] में कहा गया है कि उदात्त की तुलना गांधार अथवा उसके संवादी स्वर निशाद से की जानी चाहिए । अनुदात्त की ऋषभ अथवा उसके संवादी धैवत से और स्वरित की षडज अथवा उसके संवादी मध्यम या पंचम से की जानी चाहिए ।

सामविधान ब्राह्मण में सामगान के सात सुरों को निम्न प्रकार से बताया गया है-

१. अतिक्रुष्ट (जिसमें देव गाते हैं)- प

२. प्रथम (जिसमें मनुष्य गाते हैं)- म

३. द्वितीय (जिसका प्रयोग गंधर्व और अप्सराएं करती हैं)- ग

४. तृतीय (ऋषभ आदि जिसमें पशु बोलते हैं)- रे,

५. चतुर्थ (जिसका प्रयोग पक्षी करते हैं)- सा,

६. पंचम (राक्षसों द्वारा प्रयुक्त) निषाद- नि

७. षष्ठ अथवा अन्य (औषधियों, वनस्पतियों तथा अन्य प्राणियों द्वारा प्रयुक्त)- ध ।

इस प्रकार यह संकेत दिया गया है कि संसार में जितने भी जीव और पदार्थ है सबकी अपनी ध्वनि है । जब ध्वनि को एक विशेष लय और ताल में उत्पन्न किया जाता है तो संगीत की रचना होती है । सामवेद एक ऐसा शास्त्र है जो मनुष्यों और देवताओं की समरसता में एक सार्वभौम संगीत की सृष्टि करता है । सामविधान ब्राह्मण में इन स्वरों के ६ अन्य विकार भी बताये गये हैं । सामगान में इन्हें यत्र-तत्र घटाया या बढ़ाया जाता है । ये निम्न प्रकार से है-

१. विकार : शब्द को आवश्यकता के अनुरूप परिवर्तित करना

२. विश्लेषण : शब्द या पद को तोड़ना

३. विकर्षण : किसी स्वर को देर तक खींचना, उसे दो या अधिक मात्रा के समान उच्चारित करना ।

४. अभ्यास : किसी पद का पुनः पुनः उच्चारण ।

५. विराम : गान की सुविधा हेतु शब्द को बीच में ही तोड़कर रुक जाना ।

६. स्तोभ : आलाप के योग्य पदों का ऊपर से थोपना ।

सामवेद के विशेष प्रकार के ध्वनि समायोजन के कारण विन्टरनिट्ज आदि पश्चिम के व्याख्याकार इन्द्रजाल तक देखते है । भारत में भी एक परम्परा ऐसी है कि जब सामगान आरंभ किया जाता है तो ऋग्वेद और यजुर्वेद का पाठ रोक दिया जाता है । वास्तविकता यह है कि सामवेद सृष्टि की उत्पत्ति और विकास में ध्वनि की महत्वपूर्ण भूमिका को प्रतिपादित करता है । सृष्टि निर्माण के ''बिग बैंग'' से लेकर अब तक संसार एक लय और ताल के

---

१० उदात्ते निषादगान्धारानुदात्ते ऋषभधैवतो
स्वरितप्रभवा ह्येते षड्जमध्यमपंचमा (१.८.८)

सहारे विकसित हो रहा है । इस क्रिया को सामवेद के छन्द विधान के सूक्ष्म अध्ययन द्वारा अधिक अच्छी तरह से समझा जा सकता है । वर्तमान विज्ञान भी यह सिद्ध करता है कि संगीत लहरियों का मनुष्य के स्नायु मण्डल पर विशेष प्रकार का प्रभाव पड़ता है । स्पष्ट रूप से एक सकारात्मक संगीत विधान से संसार के विकास की क्रिया को और भी तीव्रता प्रदान की जा सकती है । वेद का संगीत मनुष्य और प्रकृति तथा मनुष्य और देवताओं के बीच में समरसता उत्पन्न करता है । ऋग्वेद कहता है "हे देवताओ जिस प्रकार से एक प्यासा हिरण तालाब में जल पीता है वैसे ही तुम अपनी प्रशंसा में सुने हुए हमारे वैदिक गान का रस-पान करो ।"[११] कुछ वैयाकरणों के अनुसार साम शब्द की उत्पत्ति उस विधि से हुई है जिससे देवताओ को प्रसन्न किया जाता है ।[१२]

सामवेद के ब्राह्मण

इनकी संख्या सात है जो निम्न प्रकार से है -

ताण्ड्य, षड्विंश, साम विधान, आर्शेय, देवताध्याय, संहितोपनिषद् और वंश ब्राह्मण । दूसरा षड्विंश ब्राह्मण ताण्ड्य का २६ वां भाग है । इसीलिए इसका पहला भाग पंचविंश ब्राह्मण के नाम से जाना जाता है । इन दो भागो में छान्दोग्योपनिषद् जोड़ने के बाद ताण्ड्य ब्राह्मण बनता है ।

जहां तक आरण्यकों का संबंध है, तलवकारण्यक और छान्दोग्यारण्यक इनमें मुख्य हैं । इसके तीन उपनिषद् हैं जिनके नाम है केनोपनिषद्, छान्दोग्योपनिषद् और मैत्रायणीयोपनिषद् । छान्दोग्योपनिषद् बड़ी दार्शनिक कृति है । इसमें भारत के सांस्कृतिक इतिहास के विकास का वृत्त समायोजित है । हिन्दी के प्रसिद्ध विद्वान डॉ. हजारी प्रसाद द्विवेदी ने एक 'अनामदास का पोथा' नाम का उपन्यास लिखा है जिसमें इस उपनिषद् के ऋषि रैक्व को केन्द्रीय पात्र बनाया गया है । केनोपनिषद् में महत्वपूर्ण दार्शनिक बिन्दुओं को प्रश्नों के माध्यम से हल किया गया है । सामवेद के कुछ सूत्र ग्रन्थ भी है जिन्हें प्रातिशाख्य नाम से जाना जाता है । उनके नाम इस प्रकार है- आर्ाय, लाट्यायन, द्राह्यायण, जैमिनीय, गोभिल, खादिर और गौतम धर्म सूत्र ।

---

११ सेम न स्तोमम् आगाहि
उपेदं सवनं सुतम्
गौरो न तृषितः पिब । (ऋ. १.१६.५)

१२ संतोषयति देवान् अनेन्!

सामवेद के महत्वपूर्ण सूक्त-संदेश

पूर्वार्चिक-

१. हे अग्नि ऋषि अथर्वन् ने मंथन के द्वारा तुम्हें प्रकट किया ।

२. मैं ऋचाओं की शरण में जाता हूँ ।

३. हे इन्द्र सभी कुछ तुम्हारे नियंत्रण में है ।

४. मैं अपने कार्यो में सहायता के लिए इन्द्र का आह्वान करता हूँ

५. हे इन्द्र, आपसे महान दूसरा कोई नहीं है ।

६. मुझे श्रेष्ठतम ज्ञान प्रदान करो ।

७. वह जो आज मृत्यु को प्राप्त हुआ है कल नया जीवन प्राप्त करेगा ।

८. उग्र वचनों का प्रयोग मत करो ।

९. गायें सर्वथा पवित्र हैं ।

उत्तरार्चिक-

१०.सत्य के केन्द्र में प्रतिष्ठित रहो।

११.इस ईश्वर के संसार रूपी महान काव्य को तो देखो ।

१२.एक कवि अपनी अभिव्यक्ति से द्रष्टापद प्राप्त करता है ।

१३.पृथिवी पर सुपोषण कारी अन्न उत्पन्न करो ।

१४.जो जागता है, ऋचा उसका वरण करती है ।

१५.जो जागता है, वह साम को प्राप्त होता है ।

१६.जो जागता है, उसके पास सोम आकर कहता है 'मै तुम्हारे मित्र के रूप में तुम्हारे पास हूं ।'

१७.परम ब्रह्म मेरा आन्तरिक कवच है ।

१८.हमारे कान सभी दिशाओं से अच्छा सुनें ।

---

१ अथर्वा त्वां निरमन्थत (मंत्र ९)

२ ऋचा वरेएयं अवः यामि (४८)

३ इन्द्र तत् सर्व ते वशे (१२६)

४ योगे योगे वाजे वाजे ऊतये तवस्तरं इन्द्रं हवामहे (१६३)

५ इन्द्र त्वां न अतिरिच्यते (१९७)

६ नः क्रतुं आ भर (२५९)

७ अद्य ममार सह्यः समान (३२५)

८ उग्रं वचः अपावधीः (३५३)

९ गावः सदा शुचयः (४४२)

१० ऋतस्य योनिं आ अग्मन् (६५९)

११ विश्वानि काव्या अभि (७७५)

१२ कविः गीर्भिः पवित्रं अत्येति (११७५)

१३ पृथिव्याः अधि द्युम्नं (११८६)

१४ यो जागार तं ऋचः कामयन्ते (१८२६)

१५ यो जागार तं उ सामानि यन्ति (१८२६)

१६ यः जागार तं अयं सोमः आह, तव सख्ये अहं अस्मि (१८२६)

१७ ब्रह्म मम अन्तर वर्म (१८७२)

१८ भद्रं कर्णेभिः शृणुयाम देवाः (१८७४)

१०

अथर्ववेद

वैदिक वांङ्मय में स्थान -स्थान पर तीन वेदों और तीन विद्याओं का ही उल्लेख किया गया है। इसका कारण यह है कि अथर्ववेद को वेद की संज्ञा काफी बाद में मिली। इस वेद की भाषा और इसकी विषयवस्तु तथा इसके देवता आदि सभी अन्य वेदों की तुलना में विकसित और पश्चात्वर्ती प्रतीत होते हैं। तथापि इसे वेदों में चौथा क्रम प्राप्त होने के बाद भी इसका महत्व किसी प्रकार से कम नहीं है। यहां तक कि इसे ब्रह्मवेद के रूप में भी जाना जाता है। यह वेद केवल परलोक के सुख की ही चिन्ता नहीं करता बल्कि इसमें इहलोक के आनंद का विधान भी पूरी तरह से विद्यमान है। इस प्रकार अथर्ववेद भौतिक और आध्यात्मिक दोनों ही सुखों के समन्वय का शास्त्र है। संक्षेप में हम कह सकते है कि अथर्ववेद में अर्थ, धर्म, काम और मोक्ष आदि चारों पुरुषार्थ एक साथ सिद्ध होते है।

परम्परा से यज्ञ विधान में चार प्रकार के पुरोहित होते हैं। इनमें पहला होत्री है जो ऋग्वेद की परम्परा का प्रतिनिधित्व करता है। उसे ऋग्वेद के मंत्रों द्वारा देवताओं के आह्वान का कार्य करना होता है। दूसरा पुरोहित अध्वर्यु है जो यजुर्वेद की मंत्र परम्परा में यज्ञ आहुतियां सम्पन्न कराता है। सामवेद का ज्ञाता पंडित उद्गाता कहलाता है क्योकि वह साम संहिता से मंत्रों का अनुगायन करता है। अथर्ववेद की परम्परा के पंडित का कार्य इन सबके परिवेक्षण का होता है अतः उसे ब्रह्मा कहा गया है।

अथर्ववेद के आदि द्रष्टा ऋषि अथर्वन् हैं। शाब्दिक आधार पर अथर्वन् का अर्थ ऐसे मनुष्य से है जिसने अपनी इन्द्रियों पर नियंत्रण किया हुआ है तथा जो परम विश्रान्ति में स्थिर रहता है। इस वेद के दूसरे महत्वपूर्ण द्रष्टा ऋषि अंगिरा है। अंगिरा का सम्बन्ध अग्नि से है। इस शब्द का आशय अथर्वन् के लगभग विपरीत है जिसका समन्वित अर्थ यह हुआ कि अथर्ववेद जीवन की गति और विश्रान्ति दोनों ही अवस्थाओं का समन्वय करता है।

अथर्ववेद का आकार

अथर्ववेद में २० काण्ड है। पहले १३ काण्डों में सूक्तों को विषय वस्तु के अनुरूप नहीं रखा गया है। इनमें प्रार्थनाऐं, इन्द्रजाल, आह्वान, तथा आर्शीवाद आदि हैं। १४वें काण्ड में विवाह, १५ वें में सन्यास तथा १८वें काण्ड में अंत्येष्टि आदि कर्म काण्डों का वर्णन है। २०वें काण्ड में, जो कि मुख्य रूप से ऋग्वेद से लिया गया है, इन्द्र की प्रार्थनाऐं हैं।

अथर्ववेद के आरंभिक सात काण्डों में सूक्तों की संख्या के संबंध में एक विशेष प्रकार का क्रम दृष्टिगोचर होता है। बाद के २ काण्डों में मंत्रो की संख्या काफी अधिक है। पूरे अथर्ववेद में ७४० सूक्त और ५९६२ मंत्र है जिनका विवरण निम्नानुसार है -

काण्ड	सूक्त संख्या	मंत्र संख्या
१	३५	१५३
२	३६	२०७
३	३१	२३०
४	४०	३२४
५	३१	३७६
६	१४२	४५४
७	११८	२८६
८	१०	२५९
९	१०	३०२
१०	१०	३५०
११	१०	३७३
१२	०५	३०४
१३	४	१८८
१४	०२	१३९
१५	२८	२२०
१६	०८	१०३
१७	०१	३०
१८	०४	२८३
१९	७२	४५३
२०	१४३	९२८
योग	७४०	५९६२

विषयवस्तु

अथर्ववेद के पहले और दूसरे काण्ड में विभिन्न बीमारियों, शत्रुओं और कीटाणुओं आदि के संबंध में मंत्र है। तीसरे काण्ड में शत्रुओं और उसकी सेना के वशीकरण तथा राजा के चुनाव, खेती और पशुपालन आदि के विषय हैं। चौथे काण्ड में विष को नष्ट करना, पापों से प्रायश्चित और वर्षा आदि की विधियां है। पांचवें काण्ड में ब्राह्मणों का महत्व है और शत्रुओं

के विनाश के मंत्र है। छठें काण्ड में दुःस्वप्न के शमन, खाद्यान्न की उत्पत्ति में वृद्धि, सांतवें में आत्मा और जय, आठवें और नवम में औषधियाँ तथा क्षय आदि रोगों के निवारण का वर्णन है। दसवें काण्ड में ईश्वर की महानता तथ ग्यारहवें में ब्रह्मचर्य की महिमा प्रतिपादित की गई है। बारहवें काण्ड में प्रसिद्ध पृथिवी सूक्त है तथा तेरहवें में आध्यात्म संबंधी विषय हैं। चौदहवें काण्ड में वैवाहिक पद्धति वर्णित है तथा पन्द्रहवें में व्रात्य सूक्त है। सोलहवें काण्ड में कष्टों का निवारण, सत्रहवें में इन्द्रजाल तथा अठारहवें काण्ड में अंत्येष्टि संबंधी क्रिया बताई गई है। उन्नीसवें काण्ड में नक्षत्र विज्ञान तथा मूहूर्त और ज्योतिष के विषय है। बीसवां काण्ड सोमयाग से संबंधित है इसमें इन्द्र और कुन्ताप सूक्त भी है जो राजा और पुरोहितों की उदारता का वर्णन करता है।

इस प्रकार कहा जाता सकता है कि अथर्ववेद मानव जीवन और समाज के विराट परिदृश्य का साक्ष्यांकन करता है। यह जीवन की परिपूर्णता को अन्य वेदों की तुलना में अधिक सटीकता से वर्णित करता है। ऋग्वेद की तुलना में अथर्ववेद विद्वानों और योद्धाओं के स्थान पर समाज के सभी वर्गो को समेटकर चलता है। पश्चिम के कुछ विचारक, जैसे कि विटनी और ब्लूमफील्ड आदि, अथर्ववेद को काले जादू की विषयवस्तु वाला ग्रन्थ बताते हैं किन्तु भारत में इसे भी जीवन के एक अंग मात्र के रूप में स्वीकार किया जाकर पृथक महत्व नहीं दिया गया है। कुछ महत्वपूर्ण औषधियें और रोगों के निवारण के लिए उच्चाटन वशीकरण आदि की क्रियाओं की उपयोगिता को अस्वीकार नहीं किया जा सकता। इस प्रकार मन की शक्ति का प्रकटीकरण भी इन विधियों के माध्यम से किया गया दृष्टिगोचर होता है।

सामाजिक व्यवस्था

समाज में विभिन्न वर्ग और जातियां इस वेद में वर्णित की गई हैं। इसमें ब्राह्मणों का निश्चित रूप से महत्वपूर्ण स्थान है। इसका कारण यह है कि वे विद्या में श्रेष्ठ हैं। यह कहा गया है कि ब्राह्मणों को दुखी नहीं किया जाना चाहिए।[१] क्षत्रिय समाज में अनुशासन बनाये रखने के लिए है। अतः उनमें शासन करने की क्षमता होती है।[२] वैश्यों का कार्य खेती, पशुपालन, और व्यापार आदि है। शूद्र अन्य वर्णो को उनके कार्यो में सहयोग प्रदान करते है।

जीवन के चार आश्रमों का वर्णन करते हुए ब्रह्मचर्य अवस्था को बड़ा महत्व दिया गया है। इसमें जीवन की सफलता का बीजारोपण होता है। काण्ड ग्यारह के सूक्त पांच के मंत्र सत्रह में कहा गया है कि ब्रह्मचर्य से आकर्षण बल बढ़ता है तथा राष्ट्र की एकता स्थापित करने वाले युवकों को विकास मिलता है।[३] द्वितीय आश्रम ग्रहस्थ का है जिसमें भौतिक मानसिक

---

१ न ब्राहमणो हिंसितव्यः

२ अयं विशां विश्पतिरस्तु राजा

३ ब्रहमचर्येण तपसा राजा राष्ट्रं वि रक्षति
आचार्यो ब्रहमचर्येण ब्रह्मचारिणिमिच्छते
ब्रह्मचर्येण कन्या युवानं विन्दते पतिम्

और आध्यामिक विकास दाम्पतिक जीवन के आधार पर किया जाता है। स्त्री का परिवार में महत्वपूर्ण स्थान है। ससुराल में आकर बहू अपनी सास, ससुर, देवर और ननद की स्वामिनी बनती है। उसे अपने पति के सुखों में पूरी भागीदारी का अधिकार रहता है।[४] वानप्रस्थ आश्रम का कोई विशेष वर्णन प्राप्त नहीं होता है। काण्ड बारह के पृथिवी सूक्त में कुछ विवरण वन के संबंध में दिए गए हैं। ऐसा प्रतीत होता है कि इन द्रष्टा ऋषियों को वन्य जीवन की पर्याप्त जानकारी थी। पन्द्रहवे काण्ड में व्रात्य का बहुत विस्तार से वर्णन हुआ है। यह एक प्रकार से सन्यासी के जीवन का ही विवरण और परिचय है जो कि दूसरो के कल्याण के लिए कार्य करता है।

अथर्ववेद में जीवन की संसार और संसारेतर, दोनो ही प्रकार की सफलताओं के सूत्र दिये गये है। सब जानते है कि जीवन में सुख का पहला सूत्र स्वस्थ्य रहना है। स्वभाविक रूप से इस वेद में रोग, उनकी चिकित्सा और रोगों के निदान के साथ साथ उनसे सुरक्षा के उपाय भी बताये गये है। सुख का दूसरा साधन धन, जैसे अन्न, स्वर्ण, धन और सेवक आदि है। यह वेद इस वास्तविकता को स्वीकार करता है। समाज में ईमानदार और निर्भीक शासक होना चाहिए। अन्ततः अनेक जातियों वर्गो और मान्यताओं के बीच एक भाईचारे की जरूरत है।[५] अथर्ववेद इन सभी तथ्यों को परिपूर्णता से स्वीकार करता है।

सूक्तों का वर्गीकरण

अथर्ववेद के सूक्तों को निम्नलिखित विषयवस्तुओं में केन्द्रित किया जा सकता है।

१. आरोग्य और चिकित्सा

२. दीर्घायुष्य

३. समृद्धि

४. प्रायश्चित

५. स्त्री

६. राज्य

७. यज्ञ

८. दर्शन

९. राष्ट्रीयता

१०. विश्वशांति

११. विविध

---

४ सम्राज्ञेधि श्वशुरेषु सम्राज्ञ्युत देवृषु
ननान्दुः सम्राज्ञेधि सम्राज्ञ्युत श्वश्रवः (१४.१.४४)

५ जनं बिभ्रती बहुधा विवाचसं
नाना धर्माणं पृथिवी यथौकसम्

१. आरोग्य और चिकित्सा

अर्थवेद में अनेक प्रकार के रोगों और उनके निदान तथा उनकी चिकित्सा के लिए विभिन्न औषधियों का वर्णन किया गया है। मंत्रों के जप द्वारा औषधि को शक्ति प्रदान की जाती है तथा रोगों का निवारण किया जाता है। कुछ रोगों के नियामक देवताओं का भी उल्लेख हुआ है जिन्हें संबोधित कर रोग निवारण की अपेक्षा की गई है। विभिन्न रोगों के लक्षण तथा शरीर पर पड़ने वाले उनके प्रभाव की विस्तार से चर्चा है। ज्वर, कोढ़, बेहोशी, खांसी, सांस की तकलीफ, आंख की पीड़ा, गंजापन, कमजोरी, व्रण, शर्प दंश आदि करीब ९० रोगों का वर्णन हुआ है। का ड एक के सूक्त २३ के मंत्र एक में कोढ़ को दूर करने के लिए एक औषधि ा बताई गई है।[६] इस प्रकार अनेक औषधियां, उनके गुण तथा उनकी वैज्ञानिकता का विस्तार से वर्णन मिलता है। अध्याय १० के सूक्त ३१ के मंत्र एक में 'अवि' का वर्णन आता है जो आज के विज्ञान की शब्दावली में क्लोरोफिल के रूप में जाना जाता है।

२. दीर्घायुष्य

वैदिक ऋषियों में स्वथ्य जीवन और दीर्घायु की बड़ी अभीप्सा देखने को मिलती है। अनेक सूक्तों में दीर्घायु की कामना व्यक्त की गई है। इन मंत्रों को प्रायः प्रत्येक कर्मकाण्ड के अवसर पर दोहराये जाने की परम्परा थी। बार-बार यह प्रार्थना की जाती है कि हमारी आंखें, कान, और अन्य ज्ञानेन्द्रियां ठीक से काम करती रहें ताकि हम सौ वर्षो की आयु पूरी कर सकें।[७]

३. समृद्धि

समाज के विभिन्न वर्ग जैसे किसान, व्यापारी तथा पशु पालन में लगे हुए सभी प्रकार के लोग समृद्धि की कामना करते हैं। अनेक सूक्तों में भवन निर्माण, खेती, हल चलाना, बीज बोना, फसल उत्पादित करना तथा खेती में हानि पहुंचाने वाले कीड़ों के विनाश के लिए भी मंत्र मिलते है। बारहवें अध्याय के ६६ सूक्तों में धरती माता की अत्यन्त काव्यात्मक प्रार्थना की गई है। इसे विश्व की प्रथम और श्रेष्ठतम कविता की संज्ञा दी जा सकती है।[८]

विविध धर्मी
विविध भाषा
विविध भूतल-
मानवों का
एक तुम ही घर अटल

---

६ नक्तं जातस्यौषधे रामे कृष्णे असिक्नि च
इद रजान रजय किलासं पलितं च यत् ॥

७ पश्येम शरदः शतम्। जीवेम् शरदः शतम् (१९.६७.१-२)

८ निधिं विभ्रती बहुधा गुहा वसु मणिं हिरण्यं पृथिवी ददातु मे
वसूनि नो वसुदा रासमाना देवी दधातु सुमनस्यमाना (१२.१.४४)

हो गाय कपिला

सरल सीधी

हमारे हित

सहस-धारा

दुग्ध-धन की

बनो पृथिवी !

४. प्रायश्चित

अर्थवेद में अनेक प्रकार के पाप कर्मो के लिए प्रायश्चित विधान किये गये हैं। पाप कर्मो के नियंत्रण के लिए भी मंत्र रचे गये है। ईसाई धर्म में भी प्रायश्चित कार्य को महत्वपूर्ण स्थान प्राप्त है। किन्तु यह ध्यान देने योग्य है कि अर्थवेद में पाप की स्वीकृति की प्रधानता न होकर श्रेष्ठ कर्म जैसे यज्ञ और अनुष्ठान द्वारा पापों के परिमार्जन की व्यवस्था की गई है। मन, वचन और कर्म से हुए अपराध के परिशुद्धीकरण के लिए दीर्घ प्रक्रियायें सुनिश्चित की गई हैं। बिना जानकारी के सम्पन्न अपराध और विहित कर्म के निर्वाह न कर पाने के लिए भी मंत्रों का विधान किया गया है। पाप ग्रहों, अपशकुन और दुःस्वपनों के निवारण के लिए भी मंत्र रचे गये हैं।

५. स्त्री

अर्थववेद के अनुसार स्त्री का समाज और परिवार में महत्वपूर्ण स्थान है। विवाह समारोह और स्त्री तथा पुरुष के एक दूसरे के प्रति कर्तव्यों का निर्धारण विस्तार से किया गया है। एक विवाहिता स्त्री का अपने ससुराल पक्ष से संबंध कड़ी बडी सटीकता से वर्णित है। इसमें ससुराल पक्ष को वधू के साम्राज्ञी जैसे सत्कार की व्यवस्था की गई है। वधू के ससुराल में जाने पर दुष्ट आत्माओं के प्रभाव से उसकी रक्षा के भी कुछ विधान हैं। इसी प्रकार शिशु के जन्म तथा शिशु के गर्भावस्था में कल्याण के विषय में भी चौदहवें काण्ड में इस प्रकार के अनेक मंत्र मिलते हैं। यहां तक कि सपत्नी के वशीकरण आदि के लिए भी अभिचार क्रियायें बतायी गयी है।

६. राजा

राज्यव्यवस्था, राज्यारोहण, राजा के अधिकार और कर्तव्य इस वेद के महत्वपूर्ण विषय हैं। राजा की विजय और शत्रु की पराजय के लिए इसमें प्रार्थनायें की गई है। इसमें अनेक भयानक युद्धों का भी वर्णन है। राज पुरोहित राज्य व्यवस्था में महत्वपूर्ण स्थान रखता था वह अपने राजा को विजय दिलाने के लिए विशेष अनुष्ठान करता था। राजा का चुनाव वरुण देवता का कार्य माना जाता था। राजा को अपने निकटवर्ती स्थानों में अपने मित्रों को पदस्थ रखना चाहिए और उसके आस पास के राज्यों में उसके मित्र होने चाहिए। ६.८.३. राजा की प्रजा को सुखी और समृद्ध होना चाहिए। उसके पास पर्याप्त दूध, घी, सोना, अन्न और पशु

आदि होना चाहिए । ऐसा राजा जो अपने पुरुषार्थ से चुना जाता था उसे 'स्वराट' कहा जाता था । जब प्रजा राजा को चुनती थी तो उसे 'विराट' कहा जाता था । 'सम्राट' पद्धति में अनेक छोटे छोटे राजा एक केन्द्रीय नेतृत्व में काम करते थै । प्रजा के विभिन्न अंग समान अधिकारों से सम्पन्न थे । इस बात पर लगातार जोर दिया गया है कि समाज के विभिन्न वर्गों में कोई भेद या विषमता न हो और सभी अत्यन्त सौहार्द्य पूर्वक समाज में रहें-

साथ मिलकर काम तुम सब करो
मन उत्तम
सेवा भाव हो तुम में
एक हो नेतृत्व
प्रातः, शाम मन परिपूर्ण हों
अति हर्ष से
अमृतपायी देव जैसे
रहा करते थे । ३.३०.७ ।

७. यज्ञ

अथर्ववेद के अन्त में कुछ यज्ञ विषयक सूक्तों का समावेश है । जैसा कि पूर्व में भी कहा गया है, चूंकि इस वेद में पूर्वकालिक तीनों वेदों की विषयवस्तुओं का समाहार है, अतः इस प्रकार की नियोजना समीचीन है । कुछ सामग्री अन्य वेदों की सामग्री से मिलती जुलती है । उदाहरण के लिए जैसे दो आप्री सूक्त ऋग्वेद से लिए गए हैं तथा १६ वें काण्ड का जल की स्तुति वाला गद्य भाग यजुर्वेद के समान है । यम सम्बंधी सूक्त और १८ वें काण्ड के अन्त्येष्टि सूक्त ऋग्वेद के यम सूक्त के निकटवर्ती हैं । २०वें काण्ड के सोम सम्बंधी मंत्र भी ऋग्वेद के मंत्रों जैसे ही हैं ।

८. दर्शन

स्कम्भ सूक्त १०.७, ज्येष्ठ सूक्त १०.८, काल सूक्त १९.५३, महद् ब्रह्म १.३२, और अध्यात्म ९.१० आदि सूक्त गहन दार्शनिक विषयों से संबंधित हैं । इनमें संसार की उत्पत्ति और उसका ईश्वर से संबंध विविध कोणों से विश्लेषित किया गया है । इस तरह अथर्ववेद को ब्रह्मवेद कहा जाना सार्थक है । इस ग्रन्थ में गहन दार्शनिक विषयों को समझाने के लिए जिन विधाओं का उपयोग किया गया है वे रोचक हैं । इनमें प्रतीक, बिम्ब और रहस्य कूट आदि उल्लेखनीय हैं । यहां यह तथ्य अनेकशः दुहराया गया है कि ईश्वर एक ही है चाहे उसे कितने ही नाम और रूपों में यत्र तत्र याद किया जाता हो । अथर्ववेद में भी ऐसे अनेक नाम जैसे स्कम्भ, उच्छिष्ठ और व्रात्य आदि ईश्वर के लिए प्रयोग में लाए गए हैं । निश्चित रूप से महाभारत और पुराणों में भगवान के विराट और विश्वरूप का उद्‌गम यहीं है ।

९. राष्ट्रीयता

वेद में राष्ट्र और मातृभूमि प्रायः समानार्थी हैं । अथर्ववेद काल की प्रजा की यह बड़ी कामना है कि उसके राष्ट्र के शत्रुओं का विनाश हो । ऐसे शत्रुओं के नाश के लिए युद्ध, अभिचार, अनुष्ठान, यज्ञ, कर्मकाण्ड, प्रार्थना, अस्त्र और कूटनीति आदि का प्रचुरता से उल्लेख हुआ है । इन शत्रुओं को प्रायः अनीति और अशान्ति का कारण माना जाकर देवताओं से भी सहायता की प्रार्थना की जाती है । ऋषि वशिष्ठ काण्ड १ के २९ वें सूक्त में इन्द्र से ऐसी विजय मणि चाहते हैं जो आतंकवादियों के विनाश में उनकी सहायक हो । ऐसे शत्रुओं को पराजित करने के बाद ही शासक और शासित चैन से रह सकेंगे-

उसे हम घेरलें, अभिभूत कर
पराजित करदें
हमारे राष्ट्र को जय मिले
ऐसी विजयमणि
तुम लो मुझे बांधो

सूर्य भी तो अब उदित नभ में
वचन की साक्ष्य
वह देगा
कि मैं रिपु पर विजय कर
राष्ट्र को निर्विघ्न कर दूंगा

विजय श्री का वरण करके
हमारे वीर, योद्धा विभूषित होंगे
सभी शासक तथा शासित
यहां तब रह सकेंगे
प्रेम पूर्वक ।

पृथिवी सूक्त के मंत्र १४ में इसी प्रकार भूमि माता से प्रार्थना की गई है कि वह आक्रान्ताओं को मातृभूमि में घुसने के पहले ही अपनी शक्ति से रोक ले-

द्वेष रत तुमसे धरणि
सह सैन्य जो करता चढ़ाई
दास जो है चाहता
तुमको बनाना

और हत्या आदि करता
स्वार्थ प्रेरित
नाश उनका महादेवी
पूर्व ही कर्तव्य तेरा ।

१०. विश्व शान्ति

इस वेद में लगातार परिवार, समाज, देश और मानवजाति के प्रसंग में समता, समरसता और विश्व बंधुत्व का स्वर मुखरित होता है । ऋषि चाहता है कि मनुष्य सुखी, स्वस्थ हों और शान्ति से रहें ।[९] साथ साथ भोजन और सोमरस का पान समाज की एकता का प्रतीक है । ऋषि चाहता है कि समाज के सभी लोक साथ-साथ चलकर, बोलकर और सामूहिक रीति से भोजन आदि करते हुए उतनी एकता से समाज की गाड़ी को खींचें जैसे रथ के अरे रथ के पहिए को आगे ले जाते हैं-

मंत्र सबका एक हो
हो प्राप्ति भी समरूप
चित्त, मन सब एक जैसे हों
एक ही वह मंत्र देता हूं
होम जिससे यज्ञ में
कर्तव्य है सबका

तुम्हारा हो वही संकल्प
हों उर तुम्हारे एक
तुम्हारे परस्पर मन मिलें
संगठन जिससे सफल, शोभित
हो पूर्ण मानव का![१०]

प्रसिद्ध पृथिवी सूक्त में जिस वैज्ञानिक प्रामाणिकता और उत्कृष्ट कल्पनाशीलता से भूमि संबंधी विवरण प्रयोजित हुए हैं वे अत्यन्त प्रभावशाली हैं । इसकी भौगोलिक एकता मनुष्यों के एकत्व का ही तो प्रमाण देती है । जिस प्रकार से गाय दूध देते हुए कोई भेद नहीं देखती वैसे ही माता पृथिवी भी अपने सभी पुत्रों का सहस्र धारा बहा कर परिपोषण चाहती है ।[११] मनुष्यों के विचार, कार्य और संवाद में निरन्तर एकता रहे, ऐसी लगातार कामना की गई है । कार्यों

---

९ यत्रा सुहार्दः सुकृतः मदन्ति (६.१२०.३)

१० संजानीध्वं स पृच्यध्वं समी व अकूतः (६.६४.-१)

११ सहस्र धारा द्रविणस्य मे दुहां ध्रुवेवं धेनुरनपस्फुरन्ती (१२.१.४५)

के संपादन के पूर्व उनके विचार समन्वित हों ताकि वे समय पर सुचारु रूप से सम्पन्न हो सके। इसमें उच्च नैतिक आदर्श जैसे सत्य, अहिंसा, सदाचरण, मित्रता, सद्व्यवहार, साहस, मधुर वाणी आदि की शिक्षा दी गई है। शत्रुता, द्वेष, लोभ, क्रोध और वासना के परित्याग को कहा गया है। यह भी समझाया गया है कि द्यूत क्रीड़ा, कठोर वचन, द्वेष, अहंकार, आलस्य अदि जीवन के लिए हानिकर हैं। इसके साथ-साथ इसमें मनुष्य की आंतरिक और बाह्य सुरक्षा के लिए जरूरी उपाय भी बताए गए हैं। राज्य के सेवकों में ईमानदारी, संनिष्ठा, कर्तव्यपरायणता का पाठ भी पढ़ाया गया है। दूसरी ओर प्रजातंत्र, सुशासन, सैन्यबल, अस्त्र और कूटनीतिक युद्ध विधाओं की शिक्षा भी दी गई है। ऋषि का परमोत्कृष्ट लक्ष्य अन्ततः विश्व बंधुत्व और विश्व शान्ति है जो इस ग्रन्थ का केन्द्रीय स्वर है। ऐसी ही कामना से ऋषि सभी की शान्ति- पृथिवी, आकाश, जल, पौधे, वनस्पति, लोक, संसार, देवता यहां तक कि स्वतः शान्ति की भी शान्ति की कामना करता है।[१२] वेद के इस आदर्श संसार में सभी दिशाओं के भी सुशान्त होने कामना की जाती है।[१३]

११. विविध

अथर्ववेद में अन्य ऐसे अनेक विषय हैं जिनका व्यक्ति और समाज के पारस्परिक संबंध के आधार पर यथा तथ्य विवरण दिया गया है। इसमें पशुपालन की विधि, कृषि कार्य, व्यापार, गोपालन, और लम्बे स्वास्थ के लिये उपाय बताये गये है। भवन निर्माण के लिये वास्तुशास्त्र है जिसमें वैज्ञानिकता और अध्यात्मिकता का समन्वय देखने को मिलता है। यह सुझाव दिया गया है कि भवन की छत ऊंची हो। इसमें एक कमरा बैठने के लिये एक सोने के लिये, एक भोजन पकाने के लिये, और एक पूजा ग्रह हो। इसकी ऊँची छत उदात्त चेतना का परिचय देती है[१४] अनेक प्रकार के कारीगर जैसे त्वस्ठा, बढई, लौहार, स्वर्णकार, नाई तथा वस्त्र धोने वाले मलग आदि का उल्लेख भी मिलता है।

अथर्ववेद के कुछ महत्वपूर्ण सूक्त

अथर्ववेद की विषय सामग्री बहुआयामी है। इसमें व्यक्तिगत और मनुष्य के सामाजिक जीवन के सभी पक्षों का विस्तृत विवेचन हुआ है। इनमें सबसे महत्वपूर्ण विषय संसार की उत्पत्ति तथा ईश्वर और संसार का मनुष्य से संबंध विस्तार है। इस प्रकार के कुछ सूत्रों का विवरण नीचे दिया जा रहा है :-

---

१२ पृथिवी शान्तिरन्तरिक्षं शान्तिद्यौः शान्तिरापः शान्तिरोषधयः शान्तिर्वनस्पतयः
शान्तिविश्वे देवाः शान्तिः सर्वे मे देवाःशान्तिः शान्तिः शान्तिः शान्तिभिः (१९.९.१३)

१३ अभयं मित्रादभयंमित्रादभयं ज्ञातादभयंपुरो यः
अभयं नक्तमभयं दिवा नः सर्वा आशा मम मित्रं भवन्तु। (१९.१५.६)

१४ धरुण्यसि शाले बृहच्छन्दः पूतिधान्या (३.१२.३)

स्रष्टा संबंधी सूक्त

कांड १० में जीवन के रहस्यों को अपूर्व तरीके से हल किया गया है इसमें संसार को बनाने वाले को समझने के लिये उसके प्रति अदभुत विशेषणों का प्रयोग किया गया है। इसका दूसरा सूक्त केन सूक्त के नाम से जाना जाता है। इसमें द्रष्टा ऋषि मनुष्य शरीर के विभिन्न अवयवों का अनन्य विश्लेषण करता है। केन का अर्थ क्या है। प्रश्न करते करते ऋषि का प्रायः यही संकेत उभरता है कि ईश्वर को समझना कठिन है। केनोपनिषद के नाम से एक उपनिषद भी है जो कि इस सूक्त पर अधारित प्रतीत होता है।

मानव शरीर की विचित्रता के संबंध में प्रश्न करते हुये ऋषि पूछता है 'मनुष्य शरीर का यह ढांचा किसने बनाया है! किसने इन मांस पेशियों को बनाया! किसने इन सुंदर उंगलियों को बनाया और उनमें मांस भरा ? इन्द्रियों को किसने बनाया ? मनुष्य के इन दो पावों को भी किसने बनाया ताकि वह अपने शरीर को स्थिर रख सके ? मनुष्य के मध्य भाग को आकार किसने दिया ?' संसार की दिव्यता का रहस्य बड़े मनोरंजक तरीके से समझाया गया है। इन सबका संकेत यही है कि जिसने मनुष्य को बनाया वह कितना कल्पनाशील नहीं रहा होगा। ऋषि कहता है- 'संसार मधुर वाणी और कठोर वचनों का केन्द्र है। इसमें निद्रा है, भय है, संकट है, किन्तु इसमें आनंद और सुख भी मिलता है। किसने यह सब बनाया ? आखिर उसने इस संसार को क्यों बनाया ?' जीवन की निरन्तरता और ईश्वर की विराटता की कल्पना पर विचार करते हुये ऋषि कहता है 'जन्म का सिद्वान्त किसने बनाया जिससे संसार को गति मिल रही है ? जीवित प्राणियों को बुद्वि किसने प्रदान की ? उन्हें अपनी जिह्वा से शब्द उच्चारण की शक्ति किसने दी ? उन्हें नाचना किसने सिखाया ? धरती से बडा कौन है ? आकाश के ऊपर कौन है ? इन बड़े पर्वतों को रचने वाला कौन है ? मनुष्य को काम करने की प्रेरणा देने वाला कौन है ? '

वैदिक ऋषि को पता है कि संसार के विभिन्न जीवों और पदार्थो में जो गति और काल की पूर्णता और नियमबद्वता है वह संसार को गहरा अर्थ प्रदान करती है। इस स्रष्टा ब्रह्म की विशेषताएँ उसकी कृति संसार से भी महत्वपूर्ण है। यह ब्रह्म सभी जगह परिव्याप्त है। वह सभी दिशाओं, पुरों में रहने वाला एक विराट पुरुष है। इस पुरी में आठ चक्र हैं और नौं अजेय द्वार है। यह कहा गया है कि जो इस नगर के अधिपति ईश्वर को जानता है वह अपनी ज्ञानेन्द्रयों और प्राण शक्ति के द्वारा वृद्वा अवस्था के पूर्व परित्यक्त नहीं होता।[१५]

स्कम्भ

इस कांड का सातवां सूक्त स्कम्भ सूक्त के नाम से जाना जाता है। यह स्कम्भ ईश्वर के विराट या विश्वरूप जैसा ही है। गीता के ११वें अध्याय में श्री कृष्ण ने अर्जुन को अपने इसी

---

१५ केनेयं भूमिर्विहिता केन द्यौरुत्तरा हिता
केनेदमूर्ध्वं तिर्यक्चान्तरिक्षं व्यचो हितम्
ब्रह्मणा भूमिर्विहिता ब्रह्म द्यौरुत्तरा हिता
ब्रह्मेदमूर्ध्वं तिर्यक् चान्तरिक्षं व्यचो हितम् (१०.२.२४-२५)

विराट रूप के दर्शन कराये थे । अनेक प्रश्न और इस संसार की अद्भुत विशेषताओं पर विचार करते हुये वैदिक ऋषि यही निष्कर्ष निकालता है कि सम्पूर्ण दृष्य संसार स्कम्भ से ही पैदा हुआ है तथा उसी में वह स्थित है । वह पूछता है कि धरती और आकाश कहां से कैसे बने ? हवा किस दिशा में बही जा रही है ? ये दिन, महीने और वर्ष कहां भागे जा रहे है ? दिन और रात रूपी दो युवतियां छः ऋतु की, खूटियों पर क्या बुने जा रही हैं ? इनमें कौन पहली है और कौन दूसरी बता पाना मुश्किल है, किन्तु संसार को बनाने वाला वह बड़ा कारीगर काल का एक अटूट तानाबाना लगातार बुनता ही जा रहा है ![१६]

छवि विरोधी युवतियां दो
दिनप्रभा, रजनी
छःऋतु की खूंटियों पर वर्ष का ताना
बराबर बुन रही हैं चल सतत
है तन्तु फैलाती अकेली एक
उसको बांधती वह दूसरी जाती
बिना ठहरे
कभी न अन्त वह करती

नाचती इन युवतियों में कौन है पहली
नहीं मुझको पता
है बुनता एक नर इसको
तथा फिर खोलता वह दूसरा
वह स्वर्ग में धारित वसन उनका
खूंटियों ने लोक सब धारण किए हैं
काल ताना, काल बाना
इसकी साम -रचना, बुनाई
है की गई जैसे
बड़ा ही कुशल कारीगर !

---

१६ तन्त्रमेके युवती विरूपे अभ्याक्रामं वयतः षण्मयूखम्
प्रान्या तन्तूस्तिरते धत्ते अन्या नाप वृजान्ते न गमातो अन्तम्
तयोरहं परिनृत्योरिव न वि जानामि यतरा परस्तात्
पुमानेनद्वयत्युद्गृणात्ति पुमानेनद्वि जभाराधि नाके
इमे मयूखा उप तस्त भुर्दिवं सामानि चक्रुस्तसराणि वातवे । (१०.६४२-४४)

ज्येष्ठ ब्रह्म

दसवें कांड के सूक्त ८ में ऋषि कुत्स ज्येष्ठ ब्रह्म का आह्वान करते है । यह ईश्वर सभी जगह विद्यमान है तथा भूत, भविष्य और वर्तमान में समान रूप से स्थित है । वह बाल से भी अधिक बारीक है । वह एक ही समय एक स्त्री है, पूरुष है, लड़का है , लड़की है । वही वृद्ध होने पर एक लकड़ी के सहारे चलता है तथा वही विराट संभावनाये भी समेट लेता है ।[१७] यह ईश्वर इतने निकट है कि उसे छोड़ा नहीं जा सकता किन्तु उसे देखना भी आसान नहीं है । इस ब्रह्म के द्वारा बनाया हुआ यह संसार बहुत विचित्र है । यह एक ऐसा काव्य है जो न तो कभी मरेगा और न ही क्षीण होगा ।[१८]

उच्छिष्ठ

अथर्ववेद में ईश्वर को एक अन्य विशेष नाम 'उच्छिष्ठ ब्रह्म' के नाम से भी सम्बोधित किया गया है । इसका आशय ऐसे ईश्वर से है जो स्वयं में से समस्त संसार का निर्माणकर भी यथवत् शेष रहता है । पूरुष सूक्त में ईश्वर के चार पादों का उल्लेख किया गया है । इनमें से एक पाद अर्थात् एक चौथाई हिस्से से ही ईश्वर समस्त संसार को बना देता है । जो तीन चौथाई भाग शेष बचता है वही उच्छिष्ट ब्रह्म के रूप में उन्नीसवें कांड के सप्तम सूक्त का विषय है । यह भी एक प्रकार से विराट पूरुष का अभिचित्रण है । वह संसार चक्र की जैसे धुरी है तथा विभिन्न देवतागण उसके अरे हैं । जो कुछ भी हुआ है, है और होगा और नहीं भी है वह सभी का ही समुच्चय है ।[१९] समस्त ज्ञान और ज्ञान के भंडार वेद उसी से जन्म लेते हैं ।[२०]

पृथ्वी सूक्त

कांड बारह के सूक्त एक के ६३ मंत्र पृथिवी सूक्त के नाम से जाने जाते हैं । यह विश्व की आदि कविता तो है ही अपनी विराटता और विविधता में यह अपूर्व भी है । इसमें दर्शन, विचार और वस्तुनिष्ठ विवेचन का अद्भुद समन्वय हुआ है । इसमें धरती की सम्पदा उसके संसाधन और उसकी गति तथा उसके विस्तार का वर्णन पूरी वैज्ञानिकता से हुआ है । इस सूक्त का आरंभ उन शास्वत सिद्धान्तों जैसे सत्य, ज्ञान, तप, यज्ञ, दान, कर्म, आदि को लेकर हुआ है जो जीवन और संसार की गति में सहायक हैं तथा पृथ्वी की रक्षा में भी योग देते हैं । धरती पर अनेक समुद्र, नदियां, तालाब और झरने हैं । यह सभी तरह के खाद्यान्नों, वनस्पतियों और फलों को उत्पन्न करती है । इसमें तरह तरह के जीव धारी रहते हैं । इसमें कड़ी मेहनत करने वाले किसान और कारीगर, वीर योद्धा भी रहते हैं । यहाँ पर सोना चांदी

---

१७ त्वं स्त्री त्वं पुमानसि त्वं कुमार उत वा कुमारी
त्वं जीर्णो दण्डेन वंचसि त्वं जातो भवसि विश्वतोमुखः । (१०.२७)

१८ पश्य देवस्य काव्यं न ममार न जीर्यति (१०.३२)

१९ उच्छिष्टे द्यावा पृथिवी विश्वं भूतं समाहितं
आपः समुद्र उच्छिष्टे चन्द्रमा वात अर्हितः (११.७.२)

२० ऋचा सामानि छन्दान्सि पुराणं यजुषा सह
उच्छिष्टा जज्ञिरे सर्वे दिवि देवा दिविश्रतः (११.७.२४)

हीरे, मणि, माणिक्य आदिका अदभुत् भंडार है । आरंभ में यह भूमि समुद्र में डूबी हुई थी । इसमें गायों द्वारा प्रदान किये गये दूध और घृत की परिपूर्णता है । इस भूमि के विस्तार की प्रचानीकाल में वीर योद्धाओं ने परिसीमा खोजी है । विद्वान् और शक्तिशाली पूरुषों ने इसे शत्रुओं से संरक्षित किया है ।

अथर्वा ऋषि माता पृथिवी से बहुत भावनात्मक संबंध स्थापित करते हुये कहते है "हे पृथ्वी, हम तुम्हारे पुत्र हैं और तुम्हारी सेवा करना चाहते हैं । हम सब तुम्हारी प्रजा हैं । हमें मधुर वाणी दो । हम साथ-साथ शांति और सद्भाव से रह सकें, ऐसी शक्ति दो ।"

भूमि सभी प्रकार की गंध का स्रोत है । यह गंध वनस्पतियों में प्रकट होती है । यह कमल के पुष्प में रहती है । इसका देवतागण प्रातःकाल उषा और सूर्य के पाणिग्रहण के अवसर पर आलेप करते हैं । यह गंध एक पुरुष, स्त्री, कन्या, हाथी, घोड़े, हिरण आदि सब में उनकी पहचान के रूप में वास करती है । ऋषि पृथ्वी से प्रार्थना करता है कि वह उसके विस्तार की तरह दीर्घ जीवन प्राप्त करे । उसकी आंखें और दूसरी ज्ञानेन्द्रियां शिथिल न पड़ें । वह चाहे बाई करवट सोये अथवा दाहिनी, भूमि उसकी सदा रक्षा करे । भूमि में वह जो बीज बोये, वे बहुत जल्दी उगें ।

इस सूक्त का ४५ वां मंत्र विश्व मानवता और सनातन भारतीय धर्म का केन्द्रीय स्वर है । इसमें घोषणा की गई है कि हम मनुष्यों का चाहे कोई भी धर्म, कोई भी जाति और कोई भी भाषा हो, धरती तो सभी का एक ही घर है । वस्तुतः यह एक ऐसी सरल और सीधी गाय की तरह है जो बिना किसी भेद भाव के अपना दूध बांटती है । ऐसी धरती हम मनुष्यों को सदा-सदा के लिए हजार-हजार थनों से युक्त हो कर सुख और समृद्धि का दूध पिलाये । ऋषि को पता है कि नगर, गांव, वन, सभाएं जैसी और जहां भी हैं इस पृथ्वी पर ही आश्रित हैं । अतः पृथ्वी को सम्पन्न और हरा-भरा रखना जरूरी है । तब यह पृथ्वी हमें यक्ष्मा आदि अनेक प्रकार के रोगों से परित्राण दिलायेगी -

भूमि सब उत्पन्न तुमसे
स्वस्थ हों, यक्ष्मा
हो दूर, जीवन दीर्घ हो
ज्ञान हो हम में
सदा हम सभी कुछ
अर्पित करें मां तुझको ।

सूर्या विवाह

काण्ड चौदह के पहले सूक्त में सूर्य की पुत्री सूर्या और अश्विनी कुमारों के विवाह समारोह का रोचक चित्रण है । इसमें अनेक रहस्यपूर्ण संदर्भ भी हैं किन्तु इस विवाह वर्णन के आधार पर विवाह कार्य की सामाजिक, मनोवैज्ञानिक, सनातन और सार्वकालिक मर्यादा स्थापित की गई है । ऋग्वेद के मण्डल १० के सूक्त ८५ में भी इसी प्रकार का सूर्या विवाह

सूक्त है किन्तु अर्थववेद के इस सूक्त में तत्कालीन समाज को अधिक प्रमाणिकता से अभिचित्रित किया गया है। वर पत्नी का हाथ उसी प्रकार से ग्रहण करता है जैसे अग्नि पृथ्वी को ग्रहण करती है। वह इसे भविष्य के सुख और समृद्धि के लिए स्वीकार करता है। पति और पत्नी ईश्वरीय व्यवस्था के अन्तर्गत एक दूसरे से जुड़ते हैं। ऋषि आशीर्वाद देता है कि वे साथ-साथ सौ साल तक जियें और कभी भी अलग न हों। उनके पुत्र पौत्रादिक भी हों तथा वे एक दूसरे के विरुद्ध होने पर भी परस्पर सहायक बनें -

ग्रहण करता हाथ तेरा आज मैं सौभाग्यवर्धिनि
जरावस्था तक रहो तुम साथ मेरे
भार्या बन
तुम्हें सौंपा है मुझे भग, अर्यमा, सविता
सुरेश्वर आदि देवों ने
लोक में गार्हस्थ जीवन बिताने
हाथ तेरा ग्रहण भग ने है किया
देव सविता ने तथा धारा उसे
भार्या तुम हो हमारी
धर्म से मैं पति तुम्हारा हूं।

ब्राह्मण और उपनिषद्-

अथर्ववेद का एक ब्राह्मण गोपत नाम से है किन्तु इसका कोई आरण्यक नहीं है। इसके तीन उपनिषदों के नाम है प्रश्नोपनिषद्, मुण्डकोपनिषद् और मण्डूक्योपपनिषद्। मुण्डोकोपनिषद् मुण्डक शाखा से अपने नाम को ग्रहण करता है। प्रश्नोपनिषद् में महान दार्शनिक प्रश्नों को परिप्रश्नों के माध्यम से हल किया गया है। माण्डूकोपनिषद् आकार में बहुत छोटा है तथा उसमें केवल १२ मंत्र हैं। तथापि विषय वस्तु की दृष्टि से इसका भी महत्व कम नहीं है।

अथर्ववेद के महत्वपूर्ण सूक्त संदेश

१. जो सभी देवताओं के नाम धारण करता है, जो एक मात्र है, जिसके आश्रय में संपूर्ण विश्व है, उसे संप्रश्न के रूप में ही समझा जा सकता है ।

२. मैं राष्ट्र के उत्तम पुरुषों में निज होकर रहूंगा ।

३. स्त्री, पुत्र उत्तम मन वाले हों ।

४. जो हमें दास बनाना चाहता है, वह गहन अंधकार में पहुंचे ।

५. तुम सहृदय, उत्तम मन और विद्वेश न करने वाले बनो ।

६. एक दूसरे से ऐसा प्रेम करो जैसा गाय नवजात बछड़े से करती है ।

७. पुत्र पिता के अनुकूल और माता के मन वाला हो ।

८. स्त्री पति के साथ शान्त और मधुर भाषण करे ।

९. हमारा पानी पीने का स्थान एक हो, अन्नभाग एक हो ।

१०. मैं मधु से भी अधिक मीठा और मधुर पदार्थों से भी अधिक मधुर बनूं ।

११. मेरा आना और जाना दोनों ही मधुर हों ।

१२. मैं वाणी से मीठा बोलूं और मधुरता की मूर्ति बनूं ।

१३. हम सबके लिए यह विश्व उत्तम, सहायक और ज्ञान देनेवाला हो ।

१४. तूं जीवित रहने वालों की प्राणशक्ति प्राप्त कर जीवित रह और मर मत ।

१५. पर्जन्य की वृष्टि से हम उन्नति को प्राप्त हों और अमर बनें, हमारी जल्दी मृत्यु न हो ।

१६. तुम्हारी देवता आयु सौ वर्ष की करें ।

१७. हे घर, तू बड़ी छत वाला और पवित्र धान्य वाला होना ।

१८. जल में अमृत और जल में औषधि है ।

१९. जल हमारे पीने, हमारे रक्षण के लिए हो ।

२०. हम सबका एक ईश्वर सबको निकट से देखता है ।

२१. सबसे पहले ब्रह्म उत्पन्न हुआ ।

२२. वह ही पृथिवी और आकाश के नियमों को संचालित करता है ।

२३. इस प्रचीन महान प्रभु के धाम का वर्णन ज्ञानी ही करता है ।

२४. मैं जनों के हित के लिए युद्ध करती हूं ।

२५. वाणी, सरस्वती और भारती हृदय में बैठें ।

२६. हमारे विचार एक जैसे हों ।

२७. जहां ब्राह्मण पीड़ित होते हैं, उस राष्ट्र पर आपत्तियां आती हैं ।

२८. अस्थि, जोड़, हृदय में जो रोग है, वह दूर हो ।

२९. जो सत्य नहीं जानता, उसको ऋचा क्या कर सकती है !

३०. एक सत्य को ही विद्वान् अलग अलग तरीके से बखानते हैं ।

३१. ईश्वर ने ही समस्त प्राणियों को जन्म दिया है ।

३२. वह भूत और भविष्य सभी का अधिष्ठाता है ।

३३. तू नही मरेगा, नहीं मरेगा, डर मत ।

३४. हम तुझे मृत्यु से पार करते हैं ।

३५. हम उत्तम ज्ञान प्राप्त करें और ज्ञान प्राप्त हो जाने पर एक मत रहें ।

३६. पृथिवी, आकाश, सभी कुछ उच्छिष्ट में अवस्थित है ।

३७. जिसने इस सब को उत्पन्न किया, वह सबका भरण पोषण भी करता है ।

३८. जो जीवित रखता और मारता है, उसी से सारा संसार बना है ।

३९. वह दूसरा, तीसरा, चौथा नहीं है ।

४०. वह केवल एक, एकमात्र और अकेला है ।

४१. स्त्रियां शुद्ध, पवित्र और पूजनीय हैं ।

४२. दो पांव, चार पांव वालों की हिंसा न करो ।

४३. प्राण में भूत, भविष्य, सभी कुछ निहित है ।

४४. राजा ब्रह्मचर्य रूपी तप से राष्ट्र की रक्षा करता है ।

४५. भूमि मेरी माता और मैं इसका पुत्र हूं ।

४६. हमारी पृथिवी विस्तीर्ण होकर हमारा संवर्धन करे ।

४७. हमारा किसी से द्वेष न हो ।

४८. अनेक धर्म, भाषा और जातियों वाले मनुष्यों का एकमात्र घर धरती ही है ।

४९. इस युद्ध को जीतने के बाद अपने स्थान पर शान्ति से रहो ।

५०. सभी देवता मनुष्य के शरीर को घर बनाकर उसमें रहते हैं ।

५१. वे तुम्हारे क्षय रोग को दूर से ठीक करें।

५२. श्रेष्ठ राज्य श्रेष्ठ प्रजा से श्रेष्ठतर होता है।

५३. तुम (पत्नी) यहीं रहो, पृथक मत होना, अपनी संपूर्ण आयु साथ ही रहना।

५४. तुम पति के घर, साम्राज्ञी बनकर रहो।

५५. तुम्हारा देश दूध और घी से परिपूर्ण हो।

५६. मैं प्रजाओं का प्रिय बनूं।

५७. हमसे मृत्यु दूर और अमृतत्व निकट हो।

१. योे देवानां नामधा एक एव तं संप्रश्नं भुवना यन्ति सर्वा। २.१.३

२. अहं राष्ट्रस्याभीवर्गे निजो भूयासं। ३.५.२

३. जायाः पुत्राः सुमनसो भवन्तु। ३.४.३

४. अधमं गमया तमो यो अस्मां अभिदासति। १. २१. २

५. सहृदयं सांमनस्यमविद्वेषं कृणोमि वः। ३.३०.१

६. अन्यो अन्यमभिहर्यत वत्सं जातमिवाध्न्या। ३.३०.१

७. अनुव्रतः पितुः पुत्रो मात्रा भवतु संमनाः। ३.३०.२

८. जाया पत्ये मधुमतीं वाचं वदतु शान्तिवाम्। ३.३०.२

९. समानी प्रपा सह वो ऽन्नमागः समाने योक्त्रे सह वो युनज्मि। ३.३०.६

१०. मधोरस्मि मधुतरो मधुधान्मधुमत्तरः। १.३४.४

११. मधुमन्मे निष्क्रमणं मधुमन्मे परायणं। १.३४.३

१२. वाचा वदामि मधुमद् भूयासं मधुसदृशः। १.३४.३

१३. विश्वं सुभूतं सुविदत्रं नो अस्तु। १.३१.४

१४. प्राणेन प्राणतां प्राणेहैव भव मा मृथः। ३.३१.९

१५. आपर्जनस्य वृष्ट्योदस्थामामृतावयम्। ३.३१.११

१६. कृण्वन्तु विश्वेदेवा आयुष्टे शरदः शतं। २.१३.४

१७. धरुण्यसि शाले बृहच्छन्दाः पूतिधान्या। ३.१२.३

१८. अप्स्वन्तरमृतं अप्सु भेषजम्। १.४.४

१९. आपो भवन्तु पीतये। १.६.१

२०. बृहन्नेषामधिष्ठाजान्तिकादिव पश्यति। ४.१६.१

२१. ब्रह्म जज्ञानं प्रथमं पुरस्तात्। ४.१.१

२२. स हि दिवाः स प्रथिव्याः ऋतस्थाः । ४.१.४

२३. नूनं तदस्य काव्यो हिनोति महो देवस्य पूर्व्यस्य धाम । ४.१.६

२४. अहं जनाय समदं कृणोमि । ४.३०.५

२५. तिस्रो देवीर्बर्हिरिदं सदन्तां इडा सरस्वती मही भारती गृणाना । ५.२७.९

२६. समानो मंत्रः । ६.६४.२

२७. ब्रह्मणं यन्न हिंसन्ति तत् राष्ट्र हन्ति दुच्छुना । ५.१९.८

२८. अस्थिसंस्रं परुसंस्रं अस्थितं हृदयामयम् । ६.१४.१

२९. यस्तन्न वेदकिमृचा करिष्यिति । ९.१०.१८

३०. एकं सत् विप्रा बहुधा वदन्ति । ९.१०.२८

३१. प्रजापतिर्जनयति प्रजा इमाः । ७.२०.१

३२. यो भूतं च भव्यं च सर्व यश्चाधितिष्ठति । १०.८.१

३३. न मरिष्यसि न मरिष्यसि, मा बिभे । ८.२.२४

३४. उत् त्वा मृत्योरपीपरम् । ८.१.१९

३५. संजानामहै मनसा सं चिकित्वा । ७.५४.२

३६. उच्छिष्टे द्यावा पृथिवी विश्वं भूतं समाहितं । ११.७.२

३७. यो रोहितो विश्व मिदं जजान, सत्वा राष्ट्राय सुभृतं बिभर्तु । १३.१.१

३८. यो मारयति प्राणयति, यस्मात् प्राणन्ति भुवनानि विश्वा । १३.३.३

३९. न द्वितीयो न तृतीयश्चतुर्थीनाप्युच्यये । १३.५.१६

४०. स एष एक एकवृदेक एव । १३.५.२०

४१. शुद्धाः पूता योषितो यज्ञिया इमाः । ११.१.१७

४२. मा नो हिसिष्टं द्विपदोमा चतुष्पदाः । ११.२.१

४३. प्राणे ह भूतं भव्यं च प्राणे सर्व प्रतिष्ठितं । ११.४.१५

४४. ब्रह्मचर्येण तपसा राजा राष्ट्र विरक्षति । ११.५.१७

४५. माता भूमिः पुत्रोऽहं पृथिव्याः । १२.१.१२

४६. सा नो भूमिर्वर्धयद् वर्धद्यमाना । १२.१.१३

४७. मा नो द्विक्षत कश्चन । १२.१.१८

४८. जनं बिभ्रती बहुधा विवाचसं नाना धर्माणं पृथिवी यथौकसं । १२.१.४५

४९. इमं संग्रामं संजित्य यथालोकं वि तिष्ठध्वं । ११.९.२६

५०. गृहं कृत्वा मर्त्य देवाः पुरुषमाविशन् ।

५१. ते ते यक्ष्मं स वेदसो दूरादूरमनीनशन् । १२.२.१४

५२. उत्तरं राष्ट्र प्रजयोत्तरावत् । १२.३.१०

५३. इहैव स्तं मा वि यौष्टं विश्वमायुर्व्यश्नुतम् । १४.१.२२

५४. एवा त्वं सम्राज्ञ्येधि पत्युरस्तं परेत्य । १४.१.४३

५५. सं ते राष्ट्र अनक्तु पयसा घृतेन । १३.१.८

५६. प्रियः प्रजानां भूयासं । १७.१.३

५७. परैतु मृत्युरमृतं न एतु । १८.३.६२